Tarnen, Täuschen und Attrappen
Die Kunst zu täuschen
Deutsches Heer 1918-1945

Wofgang Fleischer
Richard Eiermann

Gerd Sanders jun.
Lindenstr. 1
27798 Hude
Tel. 0 44 08 / 29 91

© Copyright, 1998
Alle Rechte, auch die des auszugsweisen Nachdrucks
beim PODZUN-PALLAS-VERLAG GmbH,
Kohlhäuserstr. 8
61200 WÖLFERSHEIM-BERSTADT
Tel. 0 60 36 / 94 36 - Fax 0 60 36 / 62 70

Verantwortlich für den Inhalt ist der Autor.

Technische Herstellung:
VDM Heinz Nickel, 66482 Zweibrücken

ISBN: 3-7909-06 46 - 8

Wolfgang Fleischer / Richard Eiermann

Tarnen, Täuschen und Attrappen

Die Kunst zu täuschen

Deutsches Heer 1918-1945

Podzun-Pallas

Bildnachweis:

Adam (1), BA (3), Cayè (1), EPCA (1), Eiermann (9), Faustka (3), Fleischer (115), Hagl (3), Hoppe (1), Koch (1), Schuh (1), Regeniter (3).

Danksagung:

Der Autor bedankt sich bei Herrn Oberst a.D. Gerhard Elser, der mit dem Buch "Kriegsnah ausbilden (Köln 1985, Nachauflage 1986) die Anregung für diesen Band gegeben hat. Der Dank gilt weiterhin allen Herren, die durch die Bereitstellung von Bildmaterial unterstützend wirksam geworden sind.

Quellen- u. Literaturnachweis

D.V.E. Nr. 230	Feldbefestigungs-Vorschrift vom 28. Juni 1906, Berlin 1906;
D.V.E. Nr. 267	Felddienst-Ordnung vom 22. März 1908, Berlin 1908;
D.V.E. Nr. 275	Feld-Pionierdienst aller Waffen, Entwurf vom 12. Dezember 1911, Berlin 1911;
H.Dv.1, Anhang 2	Tarnung Zusammenstellung von Erfahrungen aus den Kämpfen auf allen Kriegsschauplätzen v. 29. Oktober 1929, Berlin 1929;
H.Dv.130	Ausbildungsvorschrift für die Infanterie vom 26. Oktober 1922, Berlin 1922;
H.Dv.130/1 e	Ausbildungsvorschrift für die Infanterie, Heft 1E Richtlinien für die Ausbildung im Ersatzheer vom 16. März 1943, Berlin 1943;
H.Dv.130/2a	Ausbildungsvorschrift für die Infanterie, Heft 2a Die Schützenkompanie vom 16. März 1941, Berlin 1941;
H.Dv.130/3a	Ausbildungsvorschrift für die Infanterie, Heft 3a Die Maschinengewehrkompanie vom 24. August 1942, Berlin 1942;
H.Dv.211/2	Die Nebelmittel und ihre Handhabung, Heft 2 Die Nebelkerze, die Nebelhandgranate vom 25. August 1939, unveränderter Nachdruck Berlin 1941;
H.Dv.211/5	Die Nebelmittel und ihre Handhabung, Heft 5 Die Nebelkerze S. v. 10. September 1939, Berlin 1939;
H.Dv.268	Tarnanleitung (Entwurf) vom 1. März 1929, Berlin 1929;
H.Dv.300/2	Truppenführung, 2. Teil vom 18. Oktober 1934, unveränderter Nachdruck Berlin 1943;
H.Dv.316, Ergänzungsheft	Pionierdienst aller Waffen vom 22. April 1941, Berlin 1941;
H.Dv.488,	Anstrich des Heergeräts v. Juni 1923, Berlin 1923;
L.Dv.400/11a	Ausbildungsvorschrift für die Flakartillerie, Kampfvorschrift Die Feldbefestigung der Flakartillerie vom 5. Oktober 1939 und vom 6. Dezember 1940, Berlin 1939/40;
L.Dv.789/1	Das Nebelgerät Nb 80/2 vom Mai 1942, Berlin 1942;
L.Dv.984	Tarnung gegen Luftsicht bei der Truppe vom Januar 1940, Berlin 1940;
D 623	Merkblatt für die Bewegung der Panzerkampfwagen-Nachbildungen 25. November 1931, Berlin 1931;
D 1103/1	Nebelmittel, Heft 1 Die Nebelhandgranate 41 vom 15. September 1942, Berlin 1942;
Merkblatt 18a/17 (Anhang 2 zur H.Dv.1a LW-Merkblatt 155)	Taschenbuch für den Winterkrieg vom 5. August 1942 unveränderter Nachdruck Berlin 1943;
Merkblatt 25/4	Anleitung für die Ausbildung und den Einsatz von Scharfschützen vom 15. Mai 1943, unveränderter Nachdruck Berlin 1944;
Merkblatt 29/4 (Anhang 2 zur H.Dv.1a)	Pionierdienst im Winter vom 1. August 1943, Berlin 1943;
Merkblatt 41c/57	Tarnen Täuschen, Hinweise für die Ausbildung der Scharfschützen (Bildheft) vom 1. Mai 1944, Berlin 1944;
Einzelnachrichten	des Ic-Dienstes Ost Nr. 29, hrgb. vom OKH, GenSt d H Abt. Fremde Heeres Ost (IIIe) (Az. Nr. 2900/44 geh) vom 14. April 1944;
Halder, F.	Kriegstagebuch Band 1: Vom Polenfeldzug bis zum Ende der Westoffensive, Stuttgart 1962;
Hartwig, St.	Krieg im Märchenwald, Truppenpraxis/Wehrausbildung Nr. 9/1997
Popjel, N.K.	W tjaschkuju pori, Moskau 1959;

INHALT

Vorwort 7

Maßnahmen zur Tarnung und Täuschung
in der Reichswehr 1919-1935 9

1. Natürliche Tarnmittel 14

2. Künstliche Tarnmittel 15

Tarnen und Täuschen in der deutschen Wehrmacht 1935-1945
unter besonderer Berücksichtigung des Heeres 29

Jagdeinsitzer Fokker D II im Kriegswinter 1916/17. Beachte den Wintertarnanstrich auf Rumpf, Tragflächen, Seiten- und Höhenleitwerk. Die Verkleidung des Motors ist ausgespart.

Grenadier in weißer Windbluse und Überhose (Anorakanzug 1943) mit Maschinenpistole 43 und Panzerfaust 30 m (groß). Bemerkenswert ist der weiß gestrichene Hohlladungsgefechtskopf der Panzerabwehrwaffe. Aufnahme vom Frühjahr 1944.

VORWORT

Tarnkappen, auch Nebelkappen genannt, waren im germanischen Volksglauben und in der Heldenepik Mäntel mit Kapuzen, die ihre Träger unsichtbar machten. Sie sind von alters her Ausdruck des Wunsches der Menschen, in die Auseinandersetzungen mit der Natur und in der Gesellschaft aus einer sehr vorteilhaften, nämlich einer für den Gegner nicht wahrnehmbaren Position eingreifen zu können. Bei den Naturvölkern büßte das Streben im Kampf möglichst unsichtbar zu bleiben nichts von seiner Bedeutung ein. In den militärischen Strukturen der Hochkulturen des Abendlandes wurden alle Fragen militärischer Tarnung und Täuschung weitestgehend in den Hintergrund gedrängt. Erst mit der weiteren Entwicklung des Militärwesens setzte hier ein Umdenken ein.

In der Mitte des 15. Jahrhunderts brachte die Einführung von Feuerwaffen eine neue Dynamik in das Kriegsgeschehen, die von einer bis dahin nicht gekannten Qualität der Vernichtungskraft gekennzeichnet war. Veränderungen, die mit der Weiterentwicklung der Taktik des militärischen Kampfes, aber auch mit der Verbesserung der Schutzwirkung im Festungskrieg eine angemessene Antwort finden. Der sich daraus entwickelnde Wettkampf zwischen der zerstörenden Wirkung der Feuerwaffen und der schützenden Wirkung von Verteidigungsanlagen wird im Ersten Weltkrieg entschieden, in dem erstmals massenhaft Waffen eingesetzt wurden, die mit ihren Geschossen den Kampfraum im wahrsten Sinne des Wortes sättigen konnten. Vorbei waren die Zeiten, in denen die Infanterie im bunten Rock und mit blitzender Wehr versuchte, in Kompanie- oder Bataillonskolonne stürmend in die gegnerischen Linien einzubrechen. Ähnlich standen die Dinge bei der Artillerie, die mit ihren Geschützen, oft noch Radnabe an Radnabe stehend, bemüht gewesen ist den Gegner aus offenen Feuerstellungen mit dem Hagel ihrer Geschosse zu überschütten. Es war die alles vernichtende Wirkung der Feuerwaffen, die das Militär dazu zwang ihr Potential zu dezentralisieren statt zu konzentrieren, es einzugraben und nicht zur Schau zu stellen, kurzum alles zu tun, um es ihrer aus der Distanz wirkenden zerstörenden Kraft zu entziehen. Zu den Folgen gehörte die scheinbare Leere des Schlachtfeldes, das in Wirklichkeit mit Menschen und Kriegsmaterial überfüllt war.

Die Beobachtung des Schlachtfeldes gewann an Bedeutung. Sie war nicht mehr allein die Aufgabe des Schlachtenlenkers auf dem Feldherrenhügel. Die möglichst exakte Ermittlung der Stellungen und Bewegungen des Gegners, das Erfassen und Vermessen des Schlachtfeldes sowie seine ununterbrochene Kontrolle werden nun zu einer allgegenwärtigen, zu einer besonders wichtigen militärischen Aufgabe, deren Lösung über Sieg und Niederlage mit entschied. Dort wo der sinnlichen Wahrnehmung durch den Menschen Grenzen gesetzt waren, übernahmen leistungsfähige optische Geräte, Gasspür- und Horchgeräte diese Aufgabe. Es folgten hochempfindliche Kameras, Radar- und Infrarotaufklärungsgeräte, das Sonar usw... Beobachtet wurde auf und unter der Erde, aus der Luft und vom Wasser aus.

Andererseits erfahren die Methoden zur Tarnung und Täuschung eine immer stärkere Verfeinerung. Besonders in den Streitkräften, die im Verlauf der Kampfhandlungen in die Defensive gedrängt wurden, bzw. deren militärisches Potential dem der Gegner nicht gewachsen war, gewann die Tarnung naturgemäß einen höheren Stellenwert. Dazu äußerte sich der Major a.D. Zimmermann, Autor der in den 30er Jahren erschienen "Tarnfibel": "Im Laufe des Weltkrieges zwang die ungeheure gegnerische Überlegenheit an Menschen und Material zu sparsamsten Einsatz unserer Kräfte. Diese Notwendigkeit führte neben anderem dazu, sich weitestgehend zu verbergen, also zur Tarnung".

Aufklärung und Tarnung standen und stehen in einem dialektischen Zusammenhang, dessen Entwicklung als wichtiger Bestandteil des modernen Militärwesens neue qualitative Merkmale zutage gefördert hat. Sie finden ihren Ausdruck in der permanenten militärischen Überwachung unseres Planeten.

Soweit möchten die Autoren bei der Darstellung des Themas "Tarnen, Täuschen, Attrappen" aber nicht gehen. Ihre Absicht ist es beispielhaft einige Aspekte dieser Entwicklung in den deutschen Streitkräften zwischen dem Ende des Ersten - und dem Ende des Zweiten Weltkrieges darzustellen. Die Eingrenzung ist schon wegen der bis dahin nicht gekannten geographischen Dimension des bewaffneten Kampfes und wegen der Vielzahl davon betroffener Teilgebiete notwendig. Zu den Teilgebieten gehört die Sicht-, Geräusch- und die Funktarnung; es betrifft die Bekleidung der Soldaten, die Formgebung und den Farbanstrich der Waffen, Fahrzeuge und Ausrüstungen, weiterhin die Ausbildung, die Taktik, die operative Kunst und die Strategie, sie ist für die Land-, Luft- und Seestreitkräfte gleichermaßen wichtig und berührt die Front, das Hinterland und das Heimatkriegsgebiet. Tarnung und Täuschung hat gleich dem Krieg alle Lebensbereiche erobert, so daß es vermessen wäre, mit dem Anspruch antreten zu wollen, auf knapp 100 Seiten eine umfassende Darstellung des Themas realisieren zu können. Anliegen ist es mit dieser Schrift auf ein interessantes, äußerst vielgestaltiges und zu Unrecht in der Publizistik wenig beachtetes militärhistorisches, zugleich aber sehr aktuelles Problem aufmerksam zu machen.

Richard Eiermann   Wolfgang Fleischer

Manövererinnerungen zum Thema Tarnen und Täuschen des Soldatenmalers Prof. Anton Hoffmann (1863-1938).

Helfe, was helfen mag!

Maßnahmen zur Tarnung und Täuschung in der Reichswehr 1919-1935

Das Wort Tarnung hat seinen Ursprung in der althochdeutschen Sprache und wurde von tarnan abgeleitet, was soviel wie verbergen bedeutet. Im offiziellen Sprachgebrauch des deutschen Heeres taucht der Begriff erstmals im Jahr 1922 auf (H.Dv. 130 "Ausbildungsvorschrift für die Infanterie" vom 26. Oktober 1922). Daraus abzuleiten, daß es den Militärs bis dahin gänzlich unbekannt gewesen wäre, sich durch besondere Maßnahmen der gegnerischen Beobachtung zu entziehen, entspräche allerdings nicht den Tatsachen. Bereits in der D.V.E. Nr. 230 "Feldbefestigungs-Vorschrift" vom 23. Juni 1906 wurde auf die Vorteile hingewiesen, die sich aus der Verwendung von Masken und der Ausnutzung der natürlichen Geländeabdeckung für die eigene Operationsführung ergaben. Im "Exerzier-Reglement für die Infanterie", gleichfalls aus dem Jahr 1906 heißt es dazu wörtlich: "Künstliche Deckungen, Hindernisse, Scheinanlagen und Masken, rechtzeitig am richtigen Platz hergestellt, leisten der Truppführung wichtige Dienste". Auch die große Bedeutung solcher Maßnahmen in Verbindung mit der Anlage eigener Verteidigungsstellungen wurden erkannt. Dementsprechend waren die Richtlinien für den Feldpionierdienst (D.V.E. Nr. 275 "Feld-Pionierdienst aller Waffen", Entwurf vom 12. Dezember 1911). Deckungen, Masken und Scheinanlagen sollten den Gegner täuschen und seine Kräfte zersplittern.

Man kann also feststellen, daß alle Maßnahmen die später unter dem Begriff Tarnung zusammengefaßt worden sind, vor dem Ersten Weltkrieg im deutschen Heer Beachtung gefunden haben. Wie wenig sie jedoch den Anforderungen des bewaffneten Kampfes, insbesondere der weiter gestiegenen Qualität der Vernichtungskraft moderner Waffen entsprachen, zeigte dieser Weltkrieg. Sicherlich, den in einer Anekdote verewigten Kavallerieleutnant aus den

Der Titel dieser zeitgenössischen Postkarte aus dem Ersten Weltkrieg lautet "verlassene Batterie-Stellung". Er wirkt angesichts des gezeigten Chaos und der Vernichtung verharmlosend. Beide waren das Ergebnis einer, auch auf deutscher Seite gezeigten, nicht zu begreifenden Mißachtung der Feuerwirkung. Der Zwang die eigene Kampfkraft zu erhalten, bewirkte während des Krieges ein Umdenken. Erfahrungen, die nach 1918 das militärische Denken in der Reichswehr nachhaltig beeinflußten.

Langer 21-cm-Mörser mit kleinfleckigem Buntfarbenanstrich. Aufnahme vom Frühjahr 1918.

Bei dem Beutekampfwagen "Liesel" handelt es sich um einen englischen schweren Tank Mk IV (weiblich), der nach gründlicher Überholung in deutsche Dienste trat. Beachte den großfleckigen Buntfarbanstrich. Aufnahme vom Februar 1918.

Schwere 15-cm-Kanone L/40 in Räderlafette unter einer aus natürlichen Tarnmitteln hergestellten Fliegerschutzmaske. Aufnahme vom März 1918.

Ersten Monaten dieses Krieges gab es nicht mehr, der es unter seiner Würde hielt, sich im Erdreich zu verstecken. Er hatte einen unvermeidbaren, aber sinnlosen Heldentod gefunden. Erst die unzähligen Gefallenen, das in großen Mengen verloren gegangene Kriegsmaterial und ernste militärische Rückschläge sensibilisierten Führung und Soldaten dafür Sinn und Zweck der Tarnung ernst zu nehmen. Alle damit in Verbindung stehenden Maßnahmen gewannen angesichts einer erdrückenden Überlegenheit der Streitkräfte der Entente besondere Bedeutung. Tarnung sollte helfen, das Tempo des Verschleißes der eigenen Kräfte zu vermindern. Bereits nach den ersten Kämpfen im August 1914 ergingen Verordnungen, die eine Beseitigung alles Blinkenden und sich auffällig Abhebenden an der Uniform befahlen. Auch die braunen Zeltbahnen und die schwarzen Kochgeschirre, die sich im Liegen deutlich vom Boden abhoben, verschwanden. Weitere Maßnahmen folgten. Dazu gehörte es die Stahlhelme, die im Frühjahr 1917 in größerer Zahl zur Truppe kamen, im Kampf mit feuchter Erde zu beschmieren. Später erhielten sie einen buntfarbigen Anstrich, der auch für die Geschütze der Artillerie, für die ersten Panzerfahrzeuge ebenso wie für die Luft- und die Wasserfahrzeuge eingeführt wurde.

Vorgeschobener Artilleriebeobachter mit Scherenfernrohr 17. Letzteres besaß üblicherweise einen dunklen oliv-braunen Anstrich. Zur besseren Tarnung wurden die Arme und Okulartuben mit dunklem Stoff umwickelt.

Der ehemalige Generalleutnant Max Schwarte faßte die im Ersten Weltkrieg gesammelten Erfahrungen in der Deckung gegen Sicht in seinem 1920 in Berlin erschienenen Buch "Die Taktik im Weltkriege" unter dem zu dieser Zeit noch gültigen Stichwort Deckungsmittel wie folgt zusammen: "Die Wirkung der heutigen Waffen beruht größtenteils auf der gegen früher vermehrten Beobachtung. Deckung gegen Sicht ging deshalb der Deckung gegen Feuer vor. Der Kämpfer lauschte der Natur die Kunst ab, sich der Umgebung in Farbe und Form anzupassen und dadurch schwer erkennbar zu machen, gegen Sicht von der Erde, wie später besonders gegen Sicht aus der Luft.
Feldgrau und nachher *Feldbunt, Schneehemd, Zeltbahn* und *Zweige* machten Kämpfer und Kriegsgerät, die *Egge* festgetretene leuchtende Pfade in der Farbe dem Gelände gleich. Natürliche *Masken* aus Gebüsch, Bäumen und Häusertrümmern, künstliche Masken aus Draht- oder Stoffgeflecht und Zweigen, endlich künstliche *Nebel* verbargen Menschen, Kriegsgerät, Stellungen, Verkehr und Arbeit. Alle Bauten wurden dem umliegenden Gelände angepaßt oder unregelmäßig verteilt. Man lernte Gräben, Bauten und Hindernisse so anzulegen, daß sie sich auf dem Fliegerbild nicht abhoben. Nichts zeigt so gut, wie vielseitig und vor allem wie veränderungsfähig die Pioniertechnik war, als dieser eine Zweig, die Deckung gegen Sicht, die Kunst der Anpassung an das Gelände".
Diese Erfahrungen galt es auszuwerten, ja sie gewannen unter den nach dem Ersten Weltkrieg gegebenen Bedingungen aus der Sicht des Truppenamtes der Reichswehr sogar besondere Bedeutung. Der Versailler Vertrag beschränkte die zahlenmäßige Stärke und die Qualität der Bewaffnung und Ausrüstung dieser Armee auf ein Maß, das sie im Falle militärischer Auseinandersetzungen stets unterlegen sein mußte. Es galt Menschen und Material zu schonen. Ein Mittel dazu sah man in der Tarnung, ein Begriff der wie bereits erwähnt erst im Jahr 1922 in Gebrauch kam.
Bemerkenswert: Die Regularien über den Umgang mit den sehr breit gefächerten Mitteln und Möglichkeiten zur Tarnung und Täuschung hat man in den folgenden Jahren durch eine nicht geringe Zahl von Verfügungen, Verordnungen und Heeresdienstvorschriften bereichert. Dazu gezählt werden müssen:
1. Verfügung über den Gerätanstrich vom 15. Juni 1922

Beschußsichere und getarnte Feuerstellung für eine 7,7-cm-leichte Feldkanone 96 n.A.. Beachte die oben aufgesteckten, zum Zeitpunkt der Aufnahme allerdings schon verdorrten Tannenbäume. Aufnahme vom Sommer 1917 (Ostfront).

Behelfsmäßige 7,7-cm-Flugzeugabwehrkanone (aus erbeuteten französischen 7,5-cm-Beutegeschützen umgearbeiteten) auf Drehsockel mit schwenkbarer Fliegerschutzmaske. Aufnahme aus dem Jahr 1917.

Schwere 15-cm-Feldhaubitzen 13 in getarnter Feuerstellung an der Westfront. Die Aufnahme entstand im Herbst 1917.

2. Anhang 4 "Anstrich des Heergeräts" zur H.Dv. 488 " Vorschrift über das Verwalten des Geräts bei der Truppe, vom Juni 1923
3. H.Dv. 268 "Tarn-Anleitung", Entwurf vom 1. März 1929 (Nachdruck im Jahr 1935)
4. H.Dv. 316 "Vorschrift über die Zeltausrüstung des Mannes", vom 20. April 1932
5. H.Dv. 488/1 "Vorschrift über das Verwalten des Geräts bei der Truppe", vom 20. April 1933

Grundsätzliche Ansichten zu allen Fragen der Tarnung enthält der Entwurf zur H.Dv. 268 "Tarn-Anleitung", der vom Reichswehr-Ministerium am. 1. März 1929 herausgegeben worden ist. Danach sollte "... dem Gegner Truppen, Gerät und Anlagen verbergen oder die feindliche Beobachtung durch Scheinanlagen irreführen". Die drei wichtigsten Möglichkeiten der Tarnung gegen Sicht wurden teilweise sehr detaillierten Ausführungen vorangestellt:

1. Der zu tarnende Gegenstand ist durch die Unterbringung in Häusern, im Wald, durch die Ausnutzung der Dunkelheit, anderer natürlicher oder künstlicher Deckungen vollkommen entzogen.
2. Der zu tarnende Gegenstand ist durch seine Form und Farbe so dem Gelände angepaßt, daß nichts mehr erkannt werden konnte.
3. Der zu tarnende Gegenstand ist in seinem Äußeren so verändert worden, daß er zwar erkannt aber nicht genau definiert werden kann.

Lediglich am Rande Erwähnung fand die Geräuschtarnung, die in Feindnähe zu berücksichtigen war. Erfahrungen in dieser Frage lagen aus dem Krieg im ausreichenden Maße, insbesondere bei der Artillerie vor. Die Überraschung des Gegners, die Sicherung der maximalen Wirksamkeit der eigenen Waffen und die Vermeidung eigener Verluste, das waren die Ziele aller mit der Tarnung und Täuschung verbundenen Maßnahmen. Dabei durfte die eigene Be-weglichkeit und Waffenwirkung nicht eingeschränkt werden. Eine teilweise Tarnung sollte von den Truppenführern aller Ebenen auch dann durchgesetzt werden, wenn es nicht möglich war eine allumfassende Tarnung zu realisieren. Besonderes Augenmerk galt der Tarndisziplin. Ihre Vernachlässigung stellte die Wirksamkeit der Tarnung genau so in Frage, wie eine mangelhafte oder falsch ausgeführte Deckung gegen Sicht. Unvorsichtige Bewegungen einzelner Soldaten, Trampelpfade, zu gut getarnt abgestellten Geschützen, wie auch Lärm halfen der gegnerischen Aufklärung Erkenntnisse über die eigenen militärischen Absichten zu gewinnen.

Für den Betrachter von besonderem Interesse, daß im Vorschriftenwerk wiederholt darauf hingewiesen wurde, jede Einheitlichkeit bei der Ausführung der Tarnung zu unterlassen. Das war der Grund dafür, daß zu der Anlage 4 "Anstrich des Heeresgeräts" zur H.Dv. 488 vom Juni 1923 auch keine Mustertafel für den Buntfarbenanstrich gehörte. Sie würde, so heißt es "...erfahrungsgemäß trotz aller gegenteiligen Bestimmungen zur bildgetreuen Nachahmung verleiten und so der möglichst vielgestaltigen Buntfärbung des Geräts im Sinne der gegebenen Richtlinien zuwider wirken". Ganz offensichtlich war dieser bewußte Verzicht auf Einheitlichkeiten für den daran gewöhnten Soldaten in der Reichswehr ein Problem, weshalb in dem bereits zitierten Entwurf "Tarn-Anleitung" vom 1. März 1929 (H.Dv. 268) noch einmal ausführlich dazu Stellung genommen worden ist. Wörtlich führten die Verfasser der Heeresdienstvorschriften aus: "Anwendung und Ausführung der Tarnung sind je nach Lage, Jahreszeit, Gelände und Witterung so verschiedenartig, daß Richtlinien für jeden *einzelnen* Fall nicht aufgestellt werden können. Aufgabe der Führung ist es, an Hand der in der Anleitung gegebenen Grundsätze die Tarnung in größter Vielseitigkeit zur Anwendung zu bringen".

Wenden wir uns nun den Tarnmitteln zu, deren genauer Kenntnis großer Wert beigemessen wurde. Letztlich hing davon die Qualität der Tarnung ab.

Pioniere beim Vorbringen eines Pontons. Interessant ist auf dieser aus den 30er Jahren stammenden Aufnahme der künstlerische (szenische) Buntfarbanstrich.

1. Natürliche Tarnmittel

-Bodengestaltungen (Steilhänge, Dämme, Schluchten, Höhlen, Hohlwege, Gräben);

-Bodenbedeckung (Gebäude, Wälder, einzelne Bäume, Büsche, Hecken und der Bodenbedeckung entnommenen Mittel, wie Zweige, Gras, Getreide, Erde usw.);

-Witterung (Schatten, Nebel, Unwetter, Dunkelheit).

Die Ausnutzung natürlicher Tarnmittel war einfach und versprach den meisten Erfolg. Ihr sollte grundsätzlich der Vorzug gegeben werden. Bot die Natur keinen oder nur einen ungenügenden Schutz, so sollten künstliche Tarnmittel herangezogen werden.

Mit abgetrockneten Ginsterbüschen getarnte 3,7-cm-Panzerabwehrkanone L/45 in Feuerstellung. Das Geschütz hebt sich kaum von der mit Rauhreif überzogenen Landschaft ab.

Leichter Maschinengewehrtrupp während eines Manövers in den 30er Jahren. Die am Helmband befestigten Kiefernzweige sollten den Manöverbeobachtern vermutlich nur die Bereitschaft zur Tarnung vermitteln.

2. Künstliche Tarnmittel

-Tarnnetze, befehlsmäßige Tarndecken aus Fisch- oder Drahtnetzen, bunte Lappen, Leinwand, Stoffe, Masken, farbiger Anstrich, künstlicher Nebel, Tarnzeltbahnen und Tarnkappen.

Tarnzeltbahnen kamen erst Anfang der 30er Jahre nach gründlicher Erprobung zur Truppe, währenddessen die Versuche mit Tarnkappen (kaputzenartige Überzüge) noch nicht abgeschlossen waren. Beide sollten insbesondere Patrouillen, Spähern und Vorposten helfen sich zu verbergen. Umrisse konnten aus 20 m Entfernung nicht mehr erkannt werden.

Zu den Erfahrungen aus dem Ersten Weltkrieg gehörte es die Truppe durch die Ausnutzung natürlichen Nebels und die Verwendung künstlichen Nebels vor gegnerischer Beobachtung und damit seiner Waffenwirkung zu schützen. 1929 war in Dresden aus der 2./Fahrabteilung 4 eine Nebeleskadron gebildet worden. Ihre Aufgabe war es Nebelgeräte und -mittel zu erproben.

Die Zugmaschine Krupp-Daimler (Sd.Kfz.2) mit offenem Sonderaufbau, Spriegel und Plane für Personal und Gerät. Beachtenswert ist der großflächig ausgeführte Buntfarbanstrich. Die Speichenräder waren davon ausgenommen.

Leichter Minenwerfer in Feuerstellung. Waffe und Bedienung sind mit einem Tarnnetz abgedeckt. Werferführer und Schütze 3 tragen am Stahlhelm rote Helmbänder. Manöveraufnahme aus den 30er Jahren.

Geschützkraftwagen (Sd.Kfz.1) der Reichswehr im Manöver. Gut zu erkennen ist der Buntfarbanstrich.

Eine 10,5-cm-leichte Feldhaubitze 16 in Feuerstellung unter einem Tarnnetz. Tarnnetze gehörten zu den künstlichen Tarnmitteln; ihre Wirkung konnte durch das Einstecken natürlicher Tarnmittel verstärkt werden. Hauptzweck war Schutz vor Beobachtung aus der Luft.

Ein weiteres Beispiel für die Verwendung künstlicher Tarnmittel waren Tarnplanen, hier in idealer Weise in Verbindung mit Zweigen zur Tarnung der Feuerstellung einer 3,7-cm-Panzerabwehrkanone L/45 genutzt. Wichtig war es die Zweige regelmäßig zu erneuern.

Zu einigen weiteren Ansichten in der Reichswehr über Ausbildungs- und Einsatzgrundsätze der Tarnung. "Tarnung gehört zur taktischen Ausbildung aller Waffen... Die Tarnausbildung beginnt mit Ausbildung des einzelnen Mannes und muß während der ganzen Ausbildungszeit fortgesetzt werden". Besondere Aufmerksamkeit verdiente die Anhebung der Schwierigkeitsgrade bei der Ausführung von Tarnung, unabhängig vom Gelände und von der Tageszeit. Geübt werden sollte der Kampf im künstlichen Nebel.

Die Tarnung gegen Luftbeobachtung galt als wichtigste und schwierigste Form der Tarnung. Flieger konnten damals mit dem bloßen Auge einzelne ungetarnte Personen aus 600 m -, Fahrzeuge und Personengruppen aus 1500 m Höhe erkennen. Natürlich fanden auch die Möglichkeiten der Luftbildaufnahme angemessene Berücksichtigung, ohne das die rasche Entwicklung dieser Form der Aufklärung in den folgenden Jahren erkannt worden wäre. Im Mittelpunkt aller Bemühungen um eine wirksame Tarnung stand die Ausnutzung aller natürlichen Tarnmöglichkeiten. Natürliche Tarnmittel durften nicht aus der unmittelbaren Umgebung des zu tarnenden Objektes kommen; Zweige, Gras, Stroh und Erdballen mußten von weiter hergeholt werden. Dort wo es wegen der Anlage von Stellungen zur Zerstörung natürlicher Strukturen gekommen war, ergab sich die Forderung diese unter Einbeziehung künstlicher Tarnmittel wieder soweit herzustellen, daß das Erkennen aus der Luft nicht möglich war. Auch hier wurde wieder der Unregelmäßigkeit das Wort geredet. Wörtlich heißt es dazu "Kann Tarnung nur durch Veränderungen der natürlichen Bodengestaltung oder -bedeckung erreicht werden, so ist das normale Geländebild *künstlich* so wieder herzustellen, daß die Zeichnung der Erdoberfläche ...nicht unterbrochen wird". An anderer Stelle wird ausgeführt: "In der Natur sind die meisten Formen unregelmäßig. Künstliche Tarnbedeckungen müssen demnach jede Regelmäßigkeit vermeiden, soweit dieser nicht zur Anpassung an bebautes und bestelltes Gelände geboten erscheint. Sinngemäß ist dies auch bei der Gliederung der Schützen, Verteilung der Waffen und Fahrzeuge und bei der Herstellung von Feldbefestigungen und Nachschubanlagen zu berücksichtigen".

Zum Schutz vor der Beobachtung aus der Luft bot sich die Ausnutzung von natürlichen und künstlichen Nebel, Rauches und der Schattenwirkung (von Gebäuden, Bäumen u.ä.) an. Ein Gebiet der Tarnung, das im Zweiten Weltkrieg weiterentwickelt wurde. Dem gegenüber konn-

Aus dem Ersten Weltkrieg lagen gut Erfahrungen bei der Verwendung von Geschütz- und Fahrzeugattrappen vor. Sie ließen sich recht schnell unter Verwendung von in der Landwirtschaft gebräuchlichem Arbeitsgerät herstellen.

Zur Kampfwagendarstellung verwendete man in der Reichswehr zunächst aus Holz, Stahlrohrrahmen und Leinwand hergestellte Attrappen, die auf Dreirädern fortgeschoben werden konnten. Beachte den Buntfarbanstrich.

Panzerwagen-Attrappe beim Übersetzen auf der Oder bei Frankfurt. Als Fahrgestelle dienten Personenkraftwagen der Marke Adler. Der Blechaufbau wurde mit einem Buntfarbanstrich versehen. Aufnahme vom September 1932.

Kampfwagen-Attrappen auf Fahrgestellen von Lastkraftwagen (Büssing) kamen ab 1926 in der Reichswehr zur Verwendung. Beachte das übergeworfene Tarnnetz.

te ein anderes kompliziertes Teilgebiet, die Farbtarnung vernachlässigt werden. Bei Augenbeobachtung aus großer Höhe verblaßten die Farbunterschiede und die Luftbildfotografie brachte zu dieser Zeit zwar gestochen scharfe Bilder aber nur in schwarz-weiß.
Naturgemäß bereitete es im Bewegungskrieg große Schwierigkeiten Transport- und Marschbewegungen zu tarnen. Darauf wurde in der H.Dv. 268 "Tarn-Anleitung" (Entwurf) vom 1. März 1929 ausführlich eingegangen. Vollen Erfolg versprach lediglich die Ausnutzung der Dunkelheit, besonders in mondlosen Nächten. Die Verwendung von Tarnplanen und -netzen, von Sichtmasken und die Ausnutzung von Schatten konnte die Beobachtung aus der Luft im günstigsten Fall behindern. Gleiches galt für den Einsatz künstlichen Nebels. Es bleibt aus heutiger Sicht ein Rätsel, warum man zu dieser Zeit den Maßnahmen zur Täuschung der Luftbeobachter, beispielsweise durch Scheinanlagen und Attrappen so geringe Bedeutung beigemessen hat. Etwas anders stellt sich das für die Tarnung von Feldstellungen und ständigen Befestigungsanlagen dar, auch wenn man sich hier auf wenige Beispiele beschränkte, die zur Täuschung der gegnerischen Luftbeobachtung beitragen konnten. Empfohlen wurde das Einebnen von Granattrichtern und ihre Herstellung an anderer Stelle. Vermeintlich entstandene Brandwirkung sollte mittels Raucherzeuger vorgetäuscht werden.
Scheinanlagen konnten die übrigen Tarnmaßnahmen wirksam ergänzen. Bei ständigen Befestigungsanlagen galt es noch ein weiteres Problem zu berücksichtigen. Ihre Lage war dem Gegner schon wegen seiner Nachforschungen zu Friedenszeiten bekannt. Es ging also vor allem darum mit Hilfe der Tarnung den gezielten Bombenwurf zu verhindern und das Einschießen der Artillerie zu erschweren. Dafür war im Kriegsfall die Herstellung von Scheinanlagen vorgesehen. Mit ihrer Hilfe wurden die gesuchten wirklichen Stellungen oder Werke vorgetäuscht. Das schloß die Schaffung künstlicher Wege zu den Scheinanlagen und die normalerweise übliche Sichttarnung ein.
Die Grundsätze der Tarnung gegen Luftbeobachtung konnten ganz allgemein auch für die Tarnung gegen Erdbeobachtung geltend gemacht werden. Natürlich gab es eine ganze Reihe von Besonderheiten zu beachten. Dazu gehörte die Auswahl des richtigen Hintergrundes, die Nachahmung aller Einzelheiten des Geländes. Die Tarnung gegen den feindlichen Horchdienst und die Farbtarnung gewannen einen höheren Stellenwert. Häufig waren die

Zur Darstellung von Panzerkampfwagen wurden ab 1935 auch entsprechende Attrappen der Karosseriefirma Hebmüller auf Personenkraftwagen Opel P 4 gesetzt.

Kampfwagen-Nachbildungskompanien gliederten sich in drei Züge und den Gefechtstroß. Zunächst verfügte jeder Zug über vier, später fünf Panzerkampfwagen-Nachbildungen. Die Panzerkampfwagen-Nachbildung besaß vier Mann Besatzung (Fahrer, Schütze, Kampfwagenbegleiter (zugleich Funker) und Kommandant).

Kampfwagen-Attrappen fanden im Rahmen der Panzerabwehrtruppe zur Darstellung von Panzerangriffen Verwendung. Um den mit diesen Fahrzeugen durchzuführenden Manövern einen kriegsmäßigen Charakter zu geben, wurden 1931 verschiedene Druckvorschriften herausgegeben.

Diese Manöverbilder von der Verwendung von Kampfwagen-Attrappen entstanden im Sommer 1936. Es handelt sich um Fahrzeuge auf Opel P 4-Fahrgestell. Nach der Darstellung des Reichspropagandaministeriums hat die Verwendung solcher Fahrzeuge im deutschen Heer dazu geführt, daß während des Feldzuges gegen Polen im September 1939 polnische Kavallerie mit Lanzen gegen Panzerfahrzeuge antrat.

Bei dieser Kampfwagen-Attrappe fehlt die linke Gleiskettennachbildung. Das gut erkennbare Reserverad sollte ein Aufsetzen des Fahrzeugrahmens beim Fahren im Gelände verhindern.

Aufstellung einer Abteilung mit drei Kompanien zu je 15 Kampfwagen-Attrappen.

Die Verwendung von Kampfwagen-Attrappen im deutschen Heer war ein Ergebnis der durch den Versailler Vertrag auferlegten Beschränkungen. Im Vordergrund stand die Darstellung von Panzerangriffen, weniger die Ansicht einen vermeintlichen Gegner zu täuschen.

Witterung und der Stand der Sonne von nachhaltiger Wirkung auf Erfolg oder Mißerfolg der Tarnung. Große, glatte Flächen an Fahrzeugen und Geschützen reflektierten das Sonnenlicht und verrieten die Stellung. Eine gut getarnte Truppe konnte sich im Gelände nur sehr vorsichtig und langsam bewegen. Andererseits durfte die Rücksichtnahme auf eine gelungen ausgeführte Tarnung das Tempo des Angriffs nicht verzögern. Scheinanlagen versprachen gegen Erdsicht gute Erfolge, da dem bodengebundenen Beobachter im Gegensatz zum Luftbeobachter die Möglichkeiten zur Überprüfung fehlte. Hier überschätzte man die Luftbeobachtung.

Für die Schaffung von Nebelwänden aus künstlichen Nebel waren die Nebelgeräte der Truppe oder gesondert aufzustellende Nebelverbände vorgesehen. Nebelwerfer kamen ebenso wie individuell einsetzbare Nebelkampfmittel mit räumlich und zeitlich begrenzter Wirkung (Nebelkerze, Nebelhandgranaten) erst in den 30er Jahren zur Einführung. Große Hoffnung an die individuellen Möglichkeiten des Soldaten sich zu tarnen, verbanden sich mit der Anfang der 30er Jahre zur Einführung gelangten buntfarbigen Tarnzeltbahn. Sie gehörte zur Gruppe der künstlichen Tarnmittel und unterstrich noch einmal die Notwendigkeit einer zusätzlichen Farbtarnung gegen Erdbeobachtung. Wenden wir uns nun etwas ausführlicher der Theorie der Farbtarnung zu und wie damit in der Reichswehr umgegangen wurde. Grundsätzlich sollte der farbige Anstrich dazu dienen, Kanten eines Gegenstandes zu verzerren und dadurch den Gegner zu täuschen.

Ein weiteres Ziel war es ihn mit der Umgebung verschwimmen zu lassen oder ganz und gar unsichtbar zu machen. Es kam auf Fernwirkung (300 m und mehr) an, aber nicht auf das Aussehen des Anstrichs in der Nähe. Ausgeführt wurde die Buntfärbung von Waffen, Gerät, Ausrüstungsstücken, von ständigen Anlagen, außerdem von Beton- und Panzerständen, von Baracken und sonstigen Bauten. Frisch aufgeworfene Erde konnte durch das Besprühen mit Farbe dem gewachsenen Boden angeglichen werden.

Der Buntfarbenanstrich von Heeresgerät erfolgte nach der ebenfalls bereits zitierten Anlage A "Anstrich des Heeresgerät" zur H.Dv. 488 vom Juni 1923. Danach wurde unterschieden in:

1. Der *kleinfleckige* Anstrich, der sich durch eine gewisse Regelmäßigkeit der Farbflecke und beständige Wiederkehr der verschiedenen Farben auszeichnete. Wahrgenommen werden soll eine Art Mischton der das bemalte Objekt mit der Umgebung verschwimmen läßt. Je kleiner die Farbflecken waren, desto geringer die Entfernung, auf welche die Mischfarbe zu wir-

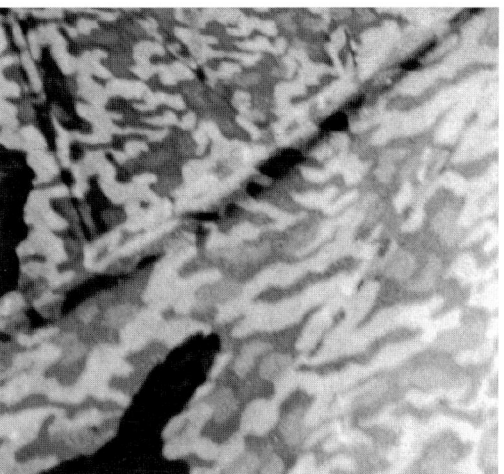

ken begann. Anleihen dafür holte man sich in der Natur, bei Tieren wie Kröten und Schlangen die eine vergleichbare Schutzfärbung zeigten.

2. Der *großfleckige* Anstrich war durch große Flecken weniger verschiedener Farben aber dafür von ganz unregelmäßiger Form gekennzeichnet. Eine zweite Form in dieser Gruppe der Buntfarbenanstriche stellten regelmäßig aufgebrachte Streifen zweier Kontrastfarben dar, die geeignet waren die Konturen des zu

tarnenden Gegenstandes zu zerreissen. Auch hier gab es Beispiele in der Natur: Zebra, Tiger und Feuersalamander.

3. Der *künstlerische* (szenische) Anstrich wurde insbesondere für Gegenstände mit kleinen Abmessungen empfohlen. Ihre Verwendung erforderte großes Geschick und Vorsicht. Grundsätzlich galt: "Je verschiedenartiger der Buntfarbanstrich... ausgeführt wird, um so größer wird die Tarnung sein, auf die es in erster Linie ankommt". Übrigens hat sich in den 20er Jahren kein Geringerer als der bekannte österreichische Militärpublizist und Hauptmann außer Dienst, Fritz Heigl in mehreren Zeitschriftenartikeln um die Heerausbildung der Theorie des Farbanstrichs verdient gemacht.

Die Liste des Heeresgeräts der Reichswehr, welches nach dem Stand vom Juni 1923 einen Buntfarbanstrich erhalten sollte war recht umfangreich. Dazu gehörten:

1. Geschütze, Kraftwagengeschütze, Beobachtungskraftwagen, Munitionskraftwagen, Kraftzugmaschinen und gepanzerte Kraftwagen, Maschinengewehre mit Schlitten und mit Dreifuß, Minenwerfer, Fahrzeuge des Brieftaubengeräts. Fahrräder waren nach dem Erlaß vom 27. September 1921 mit erdgelber oder brauner Lackfarbe zu versehen.
2. Pontons.
3. Scheinwerfer.
4. besonders mitgeführte Schilde.
5. Entfernungsmesser 2 und 4 m mit Gestell und Behälter, Entfernungsmesser 17 mit Behälter, Beobachtungsrohre für Minenwerfer mit Behältern und Periskopen (ohne Meßwalzen und Stutzen für Regenschutzrohre).
6. Munitionsbehälter, soweit sie überhaupt zu streichen waren, Rohr- und Geschützzubehörkasten, Ergänzungskästen, Patronen- und Vorratskästen, Wasser-, Öl-, Glyzerin- und Petroleumkästen für das Maschinengewehrgerät, Feldgasflaschen.
7. Krankentragen.
8. Die Außenflächen sämtlicher Tragtier-Packgefäße.

Breiten Raum fand in der Anlage 4 "Anstrich des Heergeräts" zur H.Dv. 488 vom Juni 1923

Ein mittlerer geländegängiger Lastkraftwagen 3 t (6x4) Büssing-NAG Typ 3 GL 6 (Kfz.72) mit geschlossenen Kastenaufbau, Fenster und Türen sowie variabler Innenausstattung wurde u.a. als Befehls-, Wetter- und Funkhorchkraftwagen verwendet. Beachte den großfleckigen Buntfarbanstrich.

Der leichte geländegängige Lastkraftwagen 1,5 t (6x4) Mercedes-Benz G 3 a in der Ausführung als Kleinfunkkraftwagen (Kfz.61). Hier ist die unscharf konturierte Gestaltung des Buntfarbanstrichs am Fahrzeugaufbau hervorhebenswert. Im Gegensatz dazu der Tarnüberzug des Reserverades.

die Ausführung des Buntfarbanstrichs. Die entsprechenden Passagen sollen hier im vollen Wortlaut wiedergegeben werden:

"Der *Buntfarbanstrich* wird mit erdgelber, grüner, brauner und schwarzer Deckfarbe ausgeführt.

Das buntfarben zu streichende Gerät wird mit unregelmäßigen erdgelben, grünen und braunen, möglichst nicht gradlinig zu begrenzenden Farbflecken überdeckt, die mit einem schwarzen Farbstrich von verschiedener Breite (etwa 1 bis 3 cm) umrändert werden können (nicht müssen). Die Form und Größe der Farbflecken richtet sich nach Größe und Gestalt des Geräts; zu kleine Flecken wirken unruhig, ziehen die Aufmerksamkeit auf sich und sind deshalb möglichst zu vermeiden. Ebenso ist jede Gleichmäßigkeit in Form und Wechselfolge zu unterlassen, da dies dem Zweck der Tarnung widerspricht. Die Farbflecke sind so anzuordnen, daß sich der Beobachter gar nicht oder nur sehr schwer ein Bild von dem Gerät machen kann, wenn auf dunklem Hintergrund die dunklen und auf hellem Hintergrund die hellen Flecke unsichtbar oder nur schwer sichtbar werden. Große Flächen (z.B. Wagenkasten

Die auf diesem Bild gezeigten beiden 15-cm-schweren Feldhaubitzen 18 zeigen eine unterschiedliche Reihenfolge der Farbtöne des Buntfarbanstriches. Das war ganz im Sinne der in der Anlage 4 "Anstrich des Heergeräts" zur H.Dv.488 niedergeschriebenen Festlegungen.

Eine 8-t-Brücke (Brückengerät B) wird von den Fahrzeugen einer Infanterie-Panzerabwehrkompanie (mot) befahren. Beachte den unterschiedlich ausgeführten Buntfarbanstrich der Halbpontons.

Der schwere Vermessungskraftwagen (Kfz.73) auf dem mittleren Geländegängigen Lastkraftwagen 3 t (6x4) Krupp L 3H 63. Hier erinnert der Buntfarbanstrich an die Form von Eichenlaub. Teilweise wurden die einzelnen Farbsegmente mit schwarzen Strichen eingefaßt.

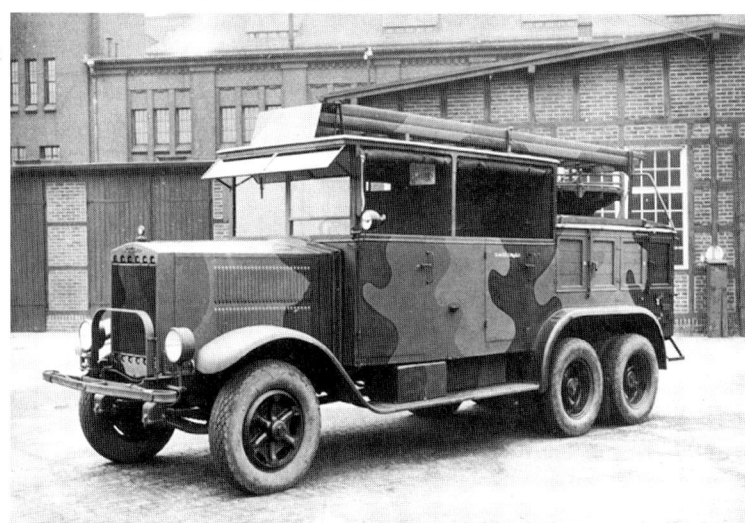

Bei den Nachschubtruppen kamen Planen unterschiedlicher Einfärbung zur Verwendung. Bemerkenswert ist die Plane des Lastkraftwagen. Links im Bild ein Feldwagen Hf.2 mit heller Plane.

der Feldwagen) sind nicht nur senkrecht, sondern auch waagrecht unregelmäßig zu teilen. Für gleiches Gerät innerhalb einer Formation (z.B. Geschütze, Munitionswagen, Feldwagen, fahrbare Feldbacköfen usw.) sind verschiedene Anordnungen der Farbflecke in Bezug auf Lage, Form und Größe zu wählen. Es sind z.B. innerhalb einer Batterie bei einem Geschütz die linke Seite oben, bei dem zweiten die Mitte oben, bei dem dritten die rechte Seite oben, bei dem vierten die Mitte unten in der Hauptsache hell zu halten. Hierdurch wird erreicht, daß bei Beobachtung aus größerer Entfernung die 4 Geschütze auf jedem Hintergrund in verschiedenen Formen erscheinen und nur schwer oder gar nicht als Geschütze angesprochen werden.Speichenräder werden am besten nur braun oder grün oder mit beiden Farben wechselnd gestrichen; erdgelbe Farbe wird hierzu zweckmäßig gar nicht oder nur wenig verwendet, da erfahrungsgemäß bei schneller Bewegung Speichenräder an sich schon hell wirken."

Nach dem Trocknen des frisch aufgebrachten Buntfarbenanstrich wurde die Bezeichnung des Heergeräts durch Aufschrift, Markenstriche, Buchstaben entsprechend der Vorschrift über die Bezeichnung und Stempelung von Waffen und Gerät bei der Truppe aufgebracht.

Folgende Farben wurden in der Reichswehr für den Buntfarbenanstrich verwendet:

Benennung	Farbkörper im Verhältnis zum Leinölfirnisgehalt des fertigen Anstrichstoff	Anwendung
Erdgelbe Deckfarbe	reines Zinkoxyd und Ocker, Abtönung mit Umbra (22-24 Teile von 100)	Buntfarbanstrich
Grüne Deckfarbe	reines Zinkoxyd und Ocker, Abtönung mit Chromgrün (22-24 Teile von 100)	Buntfarbanstrich
Braune Deckfarbe	reines Zinkoxyd, Abtönung mit braunem Ocker (22-24 Teile von 100)	Buntfarbanstrich
Schwarze Deckfarbe	Rebschwarze (28-30 Teile von 100)	Buntfarbanstrich (Einrahmung), Bezeichnung und Beschriftung des Geräts
Weiße Deckfarbe	reines Zinkoxyd (25 Teile von 100)	Bezeichnung und Beschriftung des Geräts

Eine Fernschreibstelle (mot) in Betrieb. Im Hintergrund ein Fernschreib-Kraftwagen (Kfz.61) mit schwarz eingefaßten Buntfarbanstrich.

Ein Adler-Favorit mit Buntfarbanstrich. Von diesem Kübelwagen ist zwischen 1929 und 1932 eine kleinere Anzahl für die Reichswehr beschafft worden.

Abschließend zu diesem Kapitel einige Bemerkungen zur Verwendung von Attrappen in der Reichswehr. Wie bereits an anderer Stelle festgestellt werden konnte, wurden Täuschungsmaßnahmen vor allem gegen Erdbeobachtung für sinnvoll gehalten. Scheinanlagen sollten im Rahmen einiger Verteidigungsstellungen und ständiger Befestigungsanlagen den Gegner täuschen. Fahrzeug- oder Geschützattrappen finden keine Erwähnung. Das obwohl aus dem Ersten Weltkrieg mit der Verwendung einfacher Tank- und Geschützattrappen gute Erfahrungen vorlagen. Genannt werden mußten in diesem Zusammenhang auch das Gradl´sche Rauchringrohr, das beispielsweise im Frühjahr 1915 zum Vortäuschen einer Mörserstellung vor Verdun zum Einsatz gekommen war. Das Reichswehrministerium hat mit der Anschaffung einer größeren Anzahl von Kampfwagen-Nachbildungen in der zweiten Hälfte der 30er Jahre ein ganz anderes Ziel verfolgt. Mit ihrer Hilfe sollte in der Ausbildung der Truppe das Vorhandensein gepanzerter Fahrzeuge möglichst realistisch dargestellt werden. Zunächst handelte es sich um einfache Rahmen, die von vier Soldaten getragen wurden und eine Stoffbespannung besaßen. Sie lösten Attrappen auf Fahrrädern ab und erst 1926 traten die ersten selbstfahrenden Kampfwagen-Nachbildungen bei Manövern in Erscheinung. Im April 1927 erhielt die 2. Kompanie der 6. (Preußischen) Kraftfahrabteilung in Hannover als erste Einheit 32 auf dem Fahrgestell des Personenkraftwagen Hanomag 2/10 PS hergestellte Kampfwagen-Nachbildungen. Die aufgesetzte Attrappe war aus Aluminiumblech. Weitere Fahrzeuge der Art folgten, darunter solche mit dem Fahrgestell des Dixi 3/15 PS- und des Adler-Standard 6-Personenkraftwagen. Das die Verwendung solcher Fahrzeuge der Öffentlichkeit und damit dem Ausland nicht verborgen bleiben konnte, lag auf der Hand. Eine Unterscheidung ob es sich um eine Attrappe oder tatsächlich um ein gepanzertes Fahrzeug handelte, blieb wenigen Fachleuten vorbehalten. Somit kann den Kampfwagen-Nachbildungen der Reichswehr durchaus zugebilligt werden, einen Beitrag zur Irritation und Täuschung geleistet zu haben. Die grundsätzliche Einstellung zur Verwendung von Attrappen zum Zwecke der Täuschung änderte sich auf deutscher Seite erst im Verlaufe des Zweiten Weltkrieges.

Tarnen und Täuschen in der deutschen Wehrmacht 1935-1945 unter besonderer Berücksichtigung des Heeres

Grundsätzliche inhaltliche Position zum Thema Tarnen und Täuschen aus den 20er Jahren blieben in der Deutschen Wehrmacht bis in den Krieg hinein erhalten. Für Kontinuität sorgte schon die Tatsache, daß die H.Dv. 268 "Tarn-Anleitung" vom 1. März 1929 im Jahr 1935 als unveränderter Nachdruck erschien. Darüber hinaus enthielten Vorschriften aller drei Wehrmachtteile Hinweise zum Umgang mit dieser komplizierten, viel Einfühlungsvermögen erheischenden Materie. So heißt es in der H. Dv. 300/1" 1. Teil aus dem Jahr 1936: "Die *vordersten Verteidigungsanlagen* des Hauptkampffeldes ...sollten tunlichst lange der feindlichen Beobachtung und Beschießung entzogen bleiben und den Gegner durch ihre Lage überraschen. Sie sind daher nach den Beobachtungsmöglichkeiten des Feindes sorgfältig im Gelände auszusuchen und diesem anzupassen". An anderer Stelle wird die Verwendung künstlichen Nebels empfohlen, um das Verschieben von Reserven und den Stellungswechsel der Artillerie zu tarnen. Wegen der zahlreich zu erwartenden Schwierigkeiten für die Führung, für den Zusammenhalt und die Bewegung der Truppe räumte man dem Gefecht bei Dunkelheit nur unter besonderen Bedingungen Aussicht auf Erfolg ein.

Auch in der H.Dv.130/2 a "Ausbildungsvorschrift für die Infanterie", Heft 2 Die Schützenkompanie vom 31. Mai 1935 wird zunächst, wie in anderen Vorschriften auch, auf die H.Dv. 268 "Tarn-Anleitung" verwiesen. Die Ausnutzung aller natürlichen Tarnmittel sollte als einfachste aber erfolgversprechendste Methode besonders beachtet werden. Erst wenn die Natur keinen oder nur ungenügenden Schutz vor der gegnerischen Beobachtung bot, beabsichtigte man durch Verwendung künstlicher Tarnmittel einen Ausgleich zu schaffen. Selbst für

Artilleristen einer schweren Haubitzabteilung beim Aufstellen ihrer Tarnzeltbahnen (Zeltbahn 31). Beachte das relativ kleinfleckige dreifarbige Tarnmuster.

Die Bedienung eines schweren Maschinengewehrs beim Einrichten ihrer Feuerstellung. Das Bild, welches während der Ausbildung zu Beginn des Zweiten Weltkrieges entstanden ist, zeigt wie wenig kriegsnah Fragen der Tarnung zu dieser Zeit noch behandelt wurden.

Eine 10,5-cm-leichte Feldhaubitze 18 in offener Feuerstellung. Die flüchtige an das Geschütz angelehnten Zweige in der flachen Graslandschaft stellen eine recht fragwürdige Tarnung dar.

Ein leichtes Maschinengewehr 13 auf behelfsmäßiger Flugzeugabwehr-Pivotlafette. Der Schütze hat eine Tarnzeltbahn übergezogen. Aufnahme von der Westfront, Frühjahr 1940.

Diese 3,7-cm-Panzerabwehrkanone L/45 zeigt den 1937 eingeführten neuen Tarnanstrich aus dunkelgrauer und dunkelbrauner Farbe.

die Panzerabwehrtruppe, deren Einsatzerfolg von der *überraschenden* Eröffnung des Feuerkampfes aus offener Feuerstellung abhing, sind keine weitergehenden Hinweise über den Umgang mit der Tarnung und Täuschung zu finden. Recht aufschlußreich ist es in diesem Zusammenhang die H.Dv.130/5 "Ausbildungsvorschrift für die Infanterie", Heft 5. Die Infanterie-Panzerabwehrkompanie in den Ausgaben vom Juli 1938 und vom März 1941 zu vergleichen. Trotz der mittlerweile vorliegenden praktischen Kriegserfahrungen, sah man sich nicht veranlaßt den Text zu den Stichworten Geländeausnutzung und Tarnung (eine knappe halbe Seite) inhaltlich zu erweitern.

Es entsprach durchaus den seinerzeit gültigen Ansichten über die pioniertechnische Sicherstellung des Gefechts, wenn in der H. Dv. 316 "Pionierdienst aller Waffen" vom 11. Februar 1936 ausführlicher auf die Anlage von Tarnungen und Scheinanlagen eingegangen wurde. Unter anderem kann man im Abschnitt V "Feldbefestigungen" nachlesen: "Alle planmäßig auszuführenden Feldbefestigungsanlagen sind... vor Beginn und während der Ausführung zu *tarnen*. Arbeiten unter Tarnschutz ist schwierig und kostet Zeit. Nachts oder bei Nebel arbeitet man daher oft schneller als bei Tage und klarem Wetter ...Tarnen der Anlagen erleichtert man durch Anpassen an Geländeformen und Geländebedeckungen, auch der Farbe nach".

Die Luftwaffe orientierte sich bei ihren Überlegungen zur Tarnung ihrer Flugzeuge, Flugzeugabwehrwaffe, der Ausrüstungen und Anlagen an Grundsätzen, die denen des Heeres ähnlich waren. Im Mittelpunkt der Aufmerksamkeit stand aus verständlichen Gründen die Tarnung gegen Aufklärung aus der Luft. Einzeldarstellungen sind unter anderem in den Heften über den Bau von Feldbefestigungen der Flakartillerie (L.Dv. 400 "Ausbildungsvorschrift für die Flakartillerie") von 1939 und 1940 zu finden. Interessant ist eine darin anhaltende Aufstellung über die am häufigsten begangenen Fehler bei der Tarnung:

1. Bauten werden schräg zu den Geländelinien angeordnet.
2. Der Mutterboden wird mit dem Aushub vermengt, so daß ein späteres Ansäen und Anpflanzen erschwert wird.
3. Die angrenzende Bebauung und Bepflanzung wird unnötig zerstört.
4. Überflüssige Abfahrten von dem Zufahrtsweg und Trampelwege werden nicht rechtzeitig beseitigt.
5. Der Zufahrtsweg wird nicht über die Stellung hinausgeführt. Die Wegbeschüttung erfolgte in auffallender Färbung.
6. Bei Schnee entstehen zahlreiche neue Verkehrsspuren.
7. Die Erdböschungen werden zu steil gehalten und heben sich daher im Gelände ab.
8. Die Tarnüberdachung wirkt zu regelmäßig.

Mit Tarnnetzen abgedecktes Kommandogerät 36 der Meß- und Nachrichtenstaffel einer schweren Flugzeugabwehrbatterie (8,8-cm) in der Befehlsstelle I.

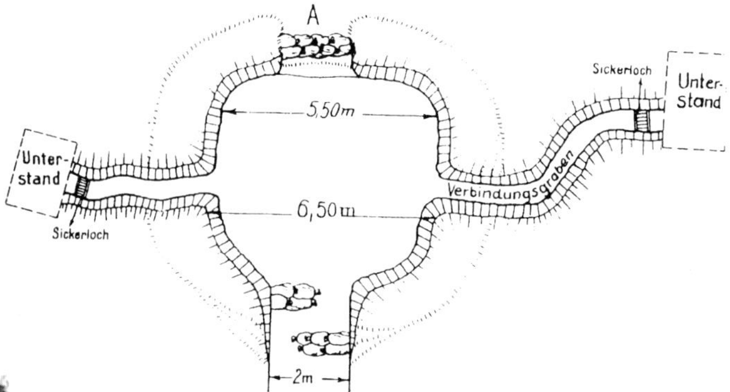

Die Befehlsstelle I ohne Tarnung und Kommandogerät 36.

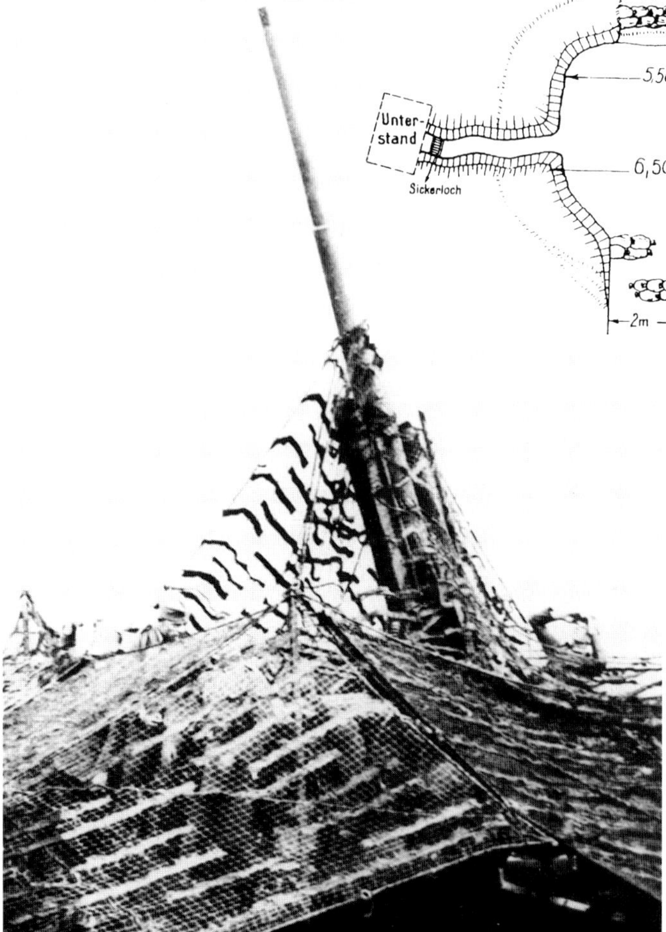

8,8-cm-Flugzeugabwehrkanone 18 deren Feuerstellung mit Tarnnetzen und an Bindfaden befestigten Stoffstreifen getarnt wurde.

9. Die Tarnbedeckung wird nicht rechtzeitig der mit den Jahreszeiten wechselnden Farbe der Umgebung angepaßt.
10. Die gut getarnte Stellungen wird durch mangelhafte Verdunkelung verraten."

Am 22. Januar 1940 wurde vom Reichsminister der Luftfahrt und Oberbefehlshaber der Luftwaffe, Chef Ausbildungswesen die L.Dv. 984 "Tarnung gegen Luftsicht bei der Truppe" herausgegeben. Bemerkenswert sind die Ausführungen über die Funktion von Scheinanlagen."

"*Scheinanlagen* sollen dem Feind über die wahre Art des Tarngegenstandes täuschen oder ihm einen tarnwürdigen Gegenstand der garnicht vorhanden ist, vortäuschen, um seine Aufmerksamkeit und Waffenwirkung abzulenken. Scheinanlagen müssen so angelegt sein, daß sie vom Feind zwar gefunden werden können, aber nicht als solche erkannt werden. Die übliche Tarnung ist also bei der Scheinanlage anzudeuten. Desgleichen sind die gewöhnlichen verräterischen Merkmale nachzumachen, z.B. ein Mindestmaß von Trampel- und Fahrspuren, Veränderungen in der Stellung beweglicher Gegenstände u.a.m.
Beim Bau einer Scheinanlage muß berücksichtigt werden, daß sie unbemerkt immer der Luftbeobachtung oder Luftbildüberwachung ausgesetzt ist".

Bereits in der zweiten Hälfte der 30er Jahre hatte in der Deutschen Wehrmacht in der Frage des farbigen Anstrichs ein Umdenken eingesetzt. Einer der Gründe dafür, der von der Luftwaffe besonders geltend gemacht wurde, war daß ein buntfleckiger, sogenannter formzerreißender Mehrfarbanstrich häufig erst die Aufmerksamkeit auf das zu tarnende Objekt lenkte und als Blickfänger wirkte. Damit erschien er als unzweckmäßig. "Wichtiger als die Farbe eines Gegenstandes ist seine Oberflächenbeschaffenheit" heißt es in der L.Dv. 400/11 a "Ausbildungsvorschrift für die Flakartillerie"

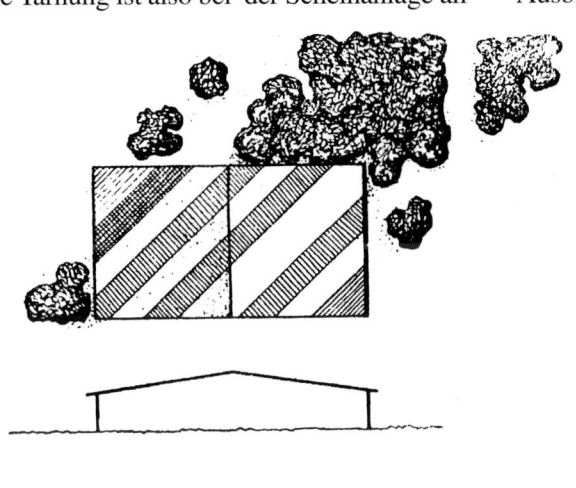
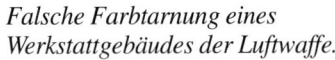

Falsche Farbtarnung eines Werkstattgebäudes der Luftwaffe.

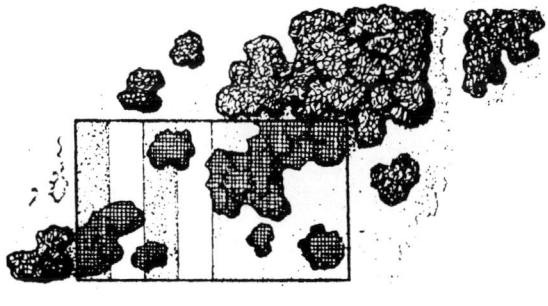

Der selbe Gebäudekomplex mit richtiger Farbtarnung, die durch eine zusätzliche Formtarnung ergänzt wird. Das Verlegen von parallelen Geländestreifen sollte nicht systematisch wiederholt werden.

Falsch ausgeführte Tarnung gegen Fliegersicht durch eine Luftnachrichteneinheit. Zur Tarnung der inmitten von Laubgehölzen stehenden Fahrzeuge wurden Nadelgehölze verwendet. Eßtische und Sitzbänke (im Bild rechts oben) haben für Gemütlichkeit gesorgt. Der aufmerksamen gegnerischen Luftbeobachtung sind sie sicherlich nicht entgangen.

Falsche Formtarnung eines Weges. Er erscheint auffällig als Damm.

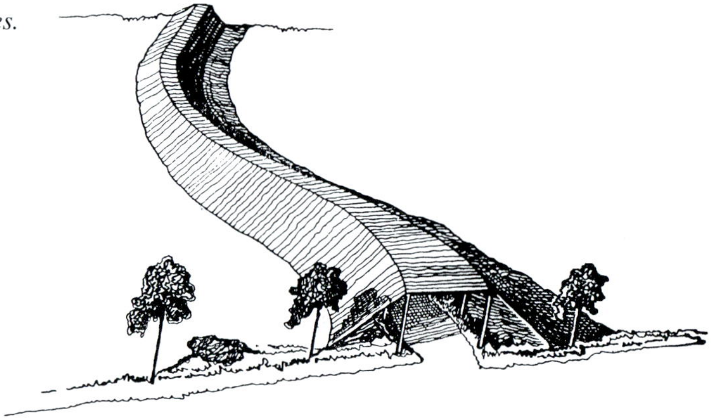

Richtige Formtarnung eines Weges. Strukturen in der Nachbarschaft des Weges führen über das zu tarnende Objekte hinweg und verwischen die scharfen Konturen.

Im Frühjahr 1940 kamen in der Luftverteidigungszone West vereinzelt vorgefertigte Tarndächer zur Verwendung - hier zum Schutz der Feuerstellung einer 3,7-cm-Flugzeugabwehrkanone 18.

Eine weitere Aufnahme aus der Luftverteidigungszone West. Das die behelfsmäßige Feuerstellung verdeckende Tarnnetz wurde beiseite geräumt, das Geschütz 3,7-cm) gegen die Witterungsunbilden mit einer Schutzplane abgedeckt. Beachte den Posten mit umgehängter Tarnzeltbahn.

8,8-cm-Flugzeugabwehrgeschütz, das mit Zweigen der im Umfeld der Feuerstellung vorkommenden Laubgehölze getarnt wurde. Die Zweige bedurften der regelmäßigen Erneuerung; sie sollten aber nicht aus der unmittelbaren Umgebung entnommen werden.

Ein Kampfflugzeug Junkers Ju-86 mit einem für die zweite Hälfte der 30er Jahre durchaus typischen großflächigen Buntfarbanstrich.

Typisch für die Schiffe der deutschen Kriegsmarine war zunächst ein hellgrauer Anstrich. Erst im Kriegsverlauf trat verstärkt ein szenischer Tarnanstrich mit verzerrender Wirkung in Erscheinung. Im Bild 19 "Hermann Künne". Das Schiff mußte im April 1940 im Herjangsfjord in Norwegen aufgegeben werden.

vom 5. Oktober 1939. Sie übte einen wesentlichen Einfluß auf den jeweiligen Helligkeitswert aus. Glatte Flächen konnten auch bei dunkler Färbung hell aufleuchten und das zu schützende Objekt enttarnen.
In der H.Dv. 488/1 "Vorschrift für das Verwalten des Geräts bei der Truppe" vom 20. April 1933 waren noch einmal die für den im Heer gebräuchlichen Buntfarbanstrich zu verwendenden Farben bekannt gegeben worden. Nun allerdings mit den in der vom Reichsausschuß für Lieferbedingungen 1927 aufgestellten Farbtabelle genannten RAL-Nummern; erdgelb (RAL 17), braun (RAL 18) und grün (RAL 28). Die Heeresmitteilung der folgenden Jahre dokumentieren die Veränderungen bei der Handhabung des Farbanstrichs:

1. Heeresmitteilung Nr. 340 vom 12. Juni 1937
Bei einem erforderlichen Neuanstrich von Heergerät sind die Farben dunkelgrau (RAL 7021) und dunkelbraun (RAL 8002) zu verwenden. Das dunkelbraun diente zur Herstellung von Tarnflecken.

2. Heeresmitteilung Nr. 687 vom 2. November 1938
Beim Umstreichen von Heergerät sind auf zwei Drittel der Fläche dunkelgrau (RAL 7021) und auf einem Drittel dunkelbraun (RAL 8002) aufzubringen. Kräder und Personenkraftwagen für Stäbe waren mit der Farbe dunkelgrau matt oder einer Lackierung nach Bestellung zu versehen.

3. Heeresmitteilung Nr. 864 vom 31. Juli 1940
Als "Einheitsanstrich" wird nun die Farbe dunkelgrau (RAL 7021) eingeführt.

Die Praxis sah so aus, daß mehrere Anstricharten für einen längeren Zeitraum nebeneinander in Gebrauch waren und der Buntfarbenanstrich aus der Reichswehr noch zu Kriegsbeginn 1939 angetroffen werden konnte. Heer und Marine favorisierten verschiedene Spielarten der Farbe grau als Einheitsanstrich. Bei der Luftwaffe erhielten die Flugzeuge einen hellgrauen Anstrich, teilweise bereits mit weißblauer Flächen- und Rumpfunterseite. Anfang 1938 wurde vom Reichsluftfahrministerium der Anstrich aller Jagdflugzeuge mit schwarzgrüner Tarnfarbe befohlen; die Unterseiten blieben weißblau. Flugzeuge der Legion Condor traten mit einem grau-dunkelgrün-braunem

Dieser Panzerkampfwagen I (MG) (Sd.Kfz.101), Ausführung A zeigt einen dunkelgrauen Anstrich ("panzergrau"). Beachte die völlig unzureichende Verwendung natürlicher Tarnmittel.

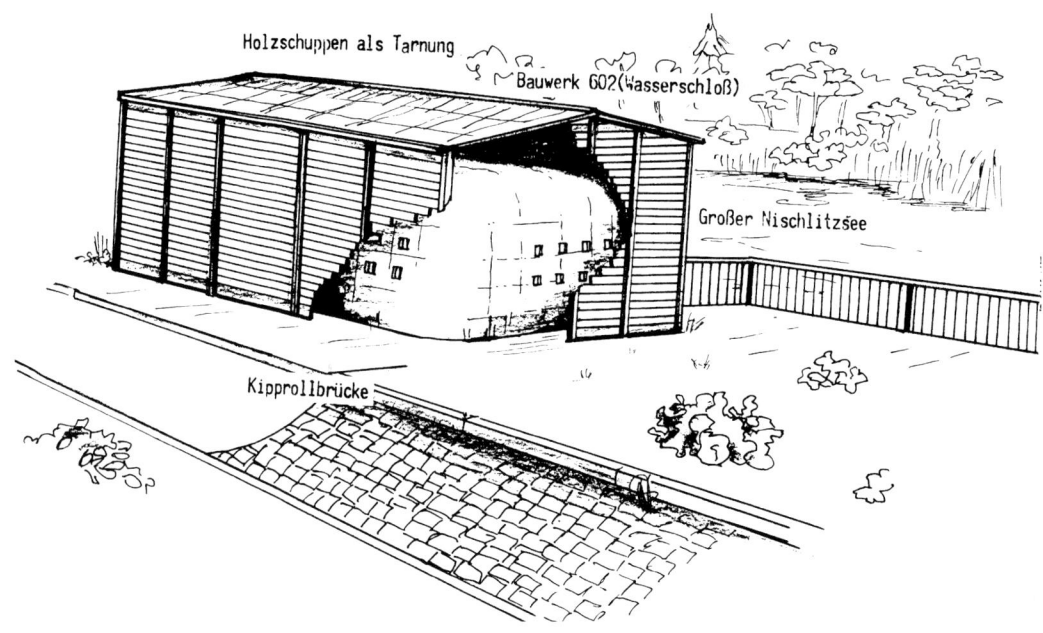

Bereits beim Bau befestigter Anlagen kam der Sichttarnung eine große Bedeutung zu. Die Skizze zeigt das Bauwerk 602 ("Wasserschloß") am Abfluß des Großen Nischlitzsees im Südabschnitt der Festungsfront Oder-Warthe-Bogen. Als Sichttarnung diente ein Holzschuppen.

Übliche Praxis war es Festungsbauwerken durch Holzverkleidungen (Dach), aufgemalte Fenster und Türen das Äußere von Wohn- oder Wirtschaftsgebäuden zu geben. Die Aufnahme entstand im Frühjahr 1940 am "Westwall"-

Ein interessantes, zugleich aufwendiges und in seinen Ausmaßen wohl einmaliges Beispiel für eine Sichttarnung ist unweit von Rügenwalde in Pommern zu finden. Hier befand sich der Versuchsschießplatz für die Eisenbahnartillerie des Heeres. Um die Feuerstellung der 80-cm-Kanone (E) "Dora" zu tarnen, wurden um ein mehrere Quadratkilometer großes Gebiet Betonwände errichtet, die im oberen Teil Holzblenden aufnahmen. Aufnahme vom April 1997.

Segmenttarnanstrich in Erscheinung. Kennzeichnend für die Entwicklung in der zweiten Hälfte der 30er Jahre war die Abkehr vom Buntfarbanstrich. Ein Trend der sich im Krieg nicht weiter fortsetzte; die Rückkehr zum Buntfarbanstrich, diesmal in wesentlich größerer Vielfalt, läßt sich aber nicht nur auf die geographisch sehr unterschiedlichen Kriegsschauplätze zurückführen.

Noch ein anderer Fakt verdient es hervorgehoben zu werden. Eine allgemeine und tiefgründige Durcharbeitung des Themas Tarnung hat bis 1939 nicht stattgefunden. Die eher dürftigen Hinweise im Vorschriftenwerk markierten Erfahrungen des Ersten Weltkrieges. Sie entsprachen in keiner Weise der auf dem Gebiet der Waffentechnik vollzogenen Entwicklung und der damit verbundenen höheren Feuerkraft. Hinzu kam, daß das was an Erkenntnissen in der Tarnung und Täuschung bekannt war, in der Ausbildung eher ungenügend Berücksichtigung fand. Was nützte es immer wieder auf den Wert natürlicher Tarnmittel hinzuweisen? Was nützten wiederholte Hinweise, die eine schematische Anwendung der Tarnung untersagten? Ihre Umsetzung verlangte Verständnis für die Natur. Ein Großteil der deutschen Soldaten kam aus industriellen Ballungsgebieten. Anders wie beispielsweise bei den Soldaten der Roten Armee, mußte ihnen das erst wieder anerzogen werden. Zunächst gelang das nur schlecht. Vermeidbare Verluste waren die Folge.

Generaloberst Franz Halder notierte am 5. Oktober 1939 anläßlich der Auswertung von Kriegserfahrungen bei XIV. Armeekorps im Polenfeldzug: "Fliegertarnung ganz schlecht. Motorisierte Kräfte: 1. Bei Stockung bleibt alles stehen und wartet. Offiziere bleiben sitzen, statt sich die Behebung der Stockung zu kümmern." Die folgenden Feldzüge im Westen, auf dem Balkan und in Nordafrika brachten, weil sie erfolgreich verliefen, auf dem Gebiet der Tarnung und Täuschung grundsätzlich nichts Neues. Eine gewisse Sorglosigkeit prägte das

Provisorischer Unterstand für ein leichtes Maschinengewehr (7,65-mm-Maschinengewehr 127 (b)-belgisch mle.1930) mit einer Sichttarnung aus Stroh. Aufnahme vom Herbst 1941.

Bei einer Nachrichteneinheit der Luftwaffe. Der im Hintergrund zu sehende Kraftomnibus wurde zunächst mit dem im Reiseverkehr vor dem Krieg üblichen Design genutzt. Die Abbildung unten zeigt das Fahrzeug im Winter 1943/44 mit einem Buntfarb-Tarnanstrich.

Schwere Lastkraftwagen der Kraftwagen-Transportabteilung z.b.V. 349 bei einem Tankhalt. Beachte die zweifarbige Tarnplane auf dem Spriegelgestellt der Zugmaschine.

Backanhänger (Sd.Ah.106) mit dem im November 1938 eingeführten dunkelgrau-dunkelbraunen Tarnanstrich.

*Die Vernachlässigung der Tarnung während der erfolgreichen Feldzüge in den ersten Kriegsjahren ließ sich in den Kämpfen gegen die Rote Armee im Jahr 1941 so nicht weiter fortsetzen. Ein erbittert Widerstand leistender Gegner, der die Tarnung meisterhaft zu nutzen wußte, fügte den deutschen Truppen manchen vermeidbaren Verlust zu.
Im Bild ein nicht getarnter und demzufolge in Brand geschossener 3-Tonner des Heeres. Aufnahme vom November 1941.*

Den deutschen Soldaten mangelte es nach Einbruch des Winters im Jahr 1941 an Wintertarnbekleidung. Sie waren in den schneebedeckten Weiten der Ostfront leicht auszumachen. Beachte die behelfsmäßig getarnten Stahlhelme einiger Soldaten.

Eine leichte Maschinengewehrstellung an der Ostfront. Aufnahme aus dem Winter 1941/42. Die Verwendung weißer Tücher und Bettlaken zur Manntarnung gehörte zu dieser Zeit mangels geeigneter Tarnbekleidung zur üblichen Praxis.

Verhalten der deutschen Soldaten in den ersten Wochen des Ostfeldzuges. Die zu Papier gebrachten Erinnerungen des russischen Generalleutnants N.K. Popjel ("W tjaschkuju pory", Moskau 1959) verraten sein Erstaunen, wenn er über eine der ersten Begegnungen mit deutschen Soldaten schreibt: "Auf der Straße haben wir die rückwärtigen Dienste der 11. deutschen Panzerdivision überrascht. Sie rollen in aller Ruhe die Straße entlang. Ihre Wagen halten streng die vorgeschriebenen Abstände ein. Alle zwei bis drei Kilometer steht ein motorisierter Regulierungsposten. Alles ist ausgeglichen, gründlich, solide. In den hohen Dreitonnern liegen unter Planen, Metallfässer, Pappkartons mit bunten Aufschriften und Papiersäcke. Die Soldaten schlafen, lesen Zeitung oder spielen leise auf der Mundharmonika. Sie fühlen sich wie im tiefen Hinterland". An anderer Stelle schildert er wie Kradschützen nachts mit aufgeblendeten Scheinwerfern Marschbewegungen durchführen. Ein solches Verhalten, gegenüber einem Gegner von dem schon aus dem Ersten Weltkrieg bekannt war, daß er erstaunliche Widerstandskraft mit geschickter Kampfführung und Geländenutzung verband, mußte zu Verlusten führen. Auf solche Art und Weise gesammelte Kriegserfahrung förderte in Verbindung mit dem an den langen Fronten spürbar werdenen Mängel an schweren Waffen die Tarnung und Täuschung. Erste Bewährungsproben galt es im Kriegswinter 1941/42 an der Ostfront zu bestehen, auf den die Verbände des Heeres und der Luftwaffe auch auf diesem Gebiet ungenügend vorbereitet waren. Provisorien in vielgestaltiger Form halfen bei der Lösung dringlichsten Probleme. Bald erschienen neue Merkblätter und Vorschriften. Es ist nur möglich einige Beispiele zu nennen, die aber typisch sind für das Umdenken auf dem Gebiet der Tarnung und Täuschung. In der H. Dv. 130/3a "Ausbildungsvorschrift für die Infanterie", Heft 3a. Die Maschinengewehrkompanie vom 24. Oktober 1942 wurde besonderer Wert darauf gelegt, bereits bei der Erkundung von Feuerstellungen für Maschinengewehre alle Möglichkeiten der Deckung gegen Erd- und Luftsicht zu berücksichtigen. Sie sollten möglichst tief von Waldrändern abgesetzt sein (ohne das Schußfeld einzuengen); staubfreies Schußfeld vor der Mündung wurde angestrebt. Im Anhang 2 "Merkblatt Pionierdienst im Winter" zur H.Dv.1a, herausgegeben am 1. August 1942 steht wörtlich: "Schnee und Eis sind wertvolle Bau- und Tarnstoffe ....Der Tarnung gegen Erd- und Luftsicht ist im verschneiten Gelände erhöhte Aufmerksamkeit zu widmen. "Diese grundsätzliche Erkenntnis ist mit einer Vielzahl von Einzelbeispielen belegt, die Erfahrungen des letzten Kriegswinters wiederspiegeln bzw. direkt aus finnischen und russischen Vorschriften entnommen worden sind. Ebenfalls als Anhang 2 zur H.Dv.1 erschien am 29. Oktober 1942 ein Merkblatt "Tarnung Zusammenstellung von Erfahrungen aus den Kämpfen auf allen Kriegsschauplätzen". Wesen und Zweck der Tarnung sind darin neu formuliert: "Tarnung ist die Kunst, sich vor dem Gegner zu verbergen, um ihn zu überlisten. Ziel ist es, die eigenen Waffen und Kampfmittel überraschend zur Wirkung zu bringen, dem Gegner aber die Wirkung seiner Waffen zu erschweren. Tarnung entzieht dem Feinde einen Teil der Unterlagen für die Endschlußfassung und erschwert ihm die Führung ...Jede Tarnung muß, um wirksam sein, *vorbeugend* angewandt werden."

Der Verwendung künstlichen Nebels ist im Heer große Aufmerksamkeit gewidmet worden und hat den Aufbau der Nebeltruppe mit

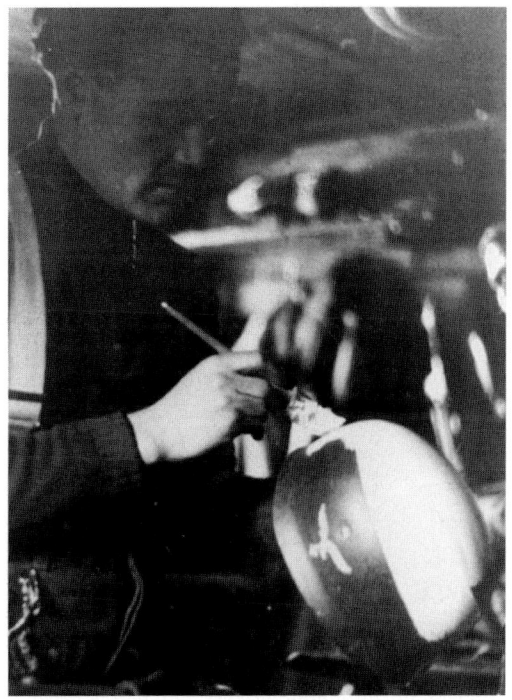

Fallschirmjäger der Luftwaffe beim Aufbringen eines weißen Tarnanstriches auf seinen Stahlhelm.

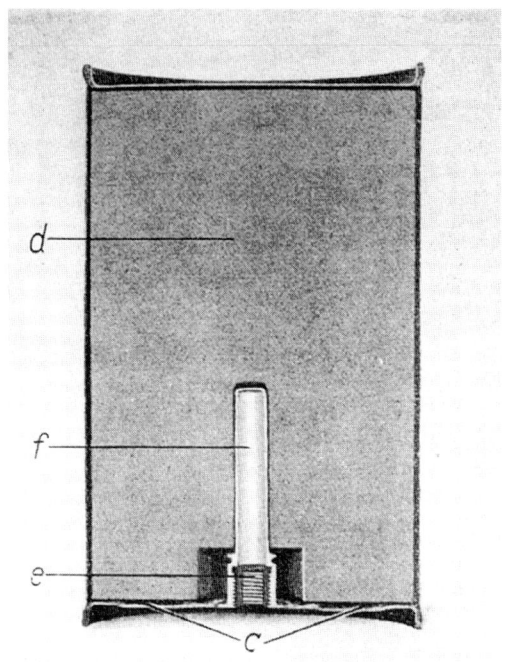

Die Nebelkerze S (auch Schnellnebelkerze oder Nebelkerze mit Sofortzündung genannt) hatte ein Gewicht von 1,7 Kg und wurde von Panzerfahrzeugen aus zur Selbst- und Feindvernebelung eingesetzt. Einen ganz ähnlichen Aufbau zeigten die Nebelkerzen 39 und 39 B.

Nebelkerzenwurfvorrichtung an einem Sturmgeschütz III. Das Gerät war 1942 zur Einführung gelangt. Mit speziellen Wurfladungen konnten Schnellnebelkerzen aus den Wurfbechern abgeschossen werden. Die versetzte Anordnung ermöglichte das Bestreichen eines großen Raumes im Umfeld des Panzers.

Bei der Nebeltruppe war nur der 15-cm-Nebelwerfer 41 geeignet Nebelmunition zum Vernebeln von Geländeabschnitten zu verschießen. Die Reichweite der 15-cm-Wurfgranaten Nebel ist in Abhängigkeit von den verwendeten Treibsätzen mit bis zu 6900 m angegeben.

Panzerkampfwagen II (2cm) (Sd.Kfz.121), Ausführung c während einer Übung mit der Nebeltruppe in der Vorkriegszeit. Für die Darstellung geschlossener künstlicher Nebelfelder bei Manövern wurde der Nebelzerstäuber verwendet.

gefördert. Grundsätzlich unterschied man zwei Verwendungsmöglichkeiten:

1. Die Selbstvernebelung der eigenen Truppenaufstellung unter Einsatz größerer Mengen Nebelstoff.

2. Die Feindvernebelung, das heißt die Blendung des Gegners durch Beschuß mit Nebelmunition.

Der Einsatz künstlichen Nebels war durch die Verwendung von Nebelhandgranaten, Nebelkerzen, Zerstäubergeräte zum Abblasen des Nebels und durch das Verschießen von Nebelmunition aus Geschützen und Nebelwerfer gekennzeichnet. Nebelhandgranaten und Nebelkerzen, die noch vor Kriegsausbruch eingeführt worden waren, eigneten sich wegen ihrer kurzen Nebeldauer nur zur Vernebelung kleinsten Ausmaßes. Die Nebelkerze S war ein Tarnmittel für gepanzerte Fahrzeuge und wirkte ebenfalls nur für kurze Zeit. Dem gegenüber konnten die Verbände der Nebeltruppe mit ihren Nebelwerfern eine weitaus größere und vor allem länger andauernde Wirkung erzielen. Der Kolonnenraum einer Werferbrigade gestattete es 1500 Schuß Nebelmunition mitzuführen.

Der große Nebelzerstäuber (im Bild links) wog gefüllt etwa 68 Kg und enthielt 25 Liter Nebelsäure. Um die Hälfte leichter war der kleine Nebelzerstäuber (Bildmitte), der zehn Liter Nebelsäure aufnahm. Je nach Düsenform ergab sich eine Nebeldauer von 20 bis 45 Minuten beim großen Nebenzerstäuber und von maximal 26 Minuten beim kleinen Nebelzerstäuber.

Nebelzerstäuber der Luftwaffe im Raum Halle-Merseburg. Mit ihrer Hilfe wurden unmittelbar vor den Angriffen alliierter Bomber besonders wichtige Industrie- und Verkehrsanlagen vernebelt. Diese Aufnahmen sind im Sommer 1944 entstanden.

*Die Scheinsignalrakete (SSR) war nach der vorläufigen Kampf-
anweisung vom 16. September 1943 ein Täuschungsmittel, um
die Bomberpiloten zu verwirren und vom Angriffsziel abzulenken.
Mit ihrer Hilfe ließen sich die gegnerischen Leuchtmittel
(Leuchtbomben, Leuchttrauben, vgl. Bild links) nachahmen.
Eine Scheinsignalrakete wog 42 bis 43 Kg.*

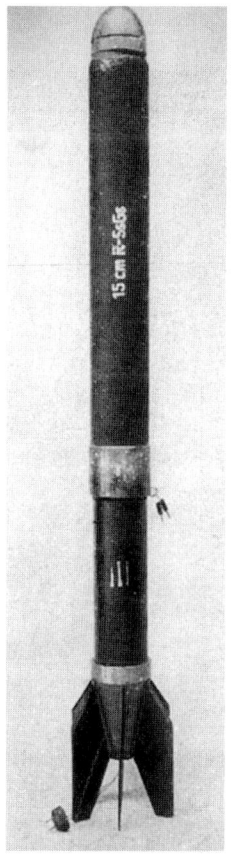

Das reichte bei mittlerer Wetterlage aus, eine Nebelfront von etwa 1000 m Breite eine Stunde lang zu unterhalten.

Die Nebelzerstäuber des Heeres, die man vor dem Krieg bei einigen Manövern hatte bewundern können, traten im Verlauf der Feldzüge kaum in Erscheinung. Dagegen fanden ähnliche Geräte bei der Luftwaffe im Kriegsverlauf eine breitere Verwendung. Sie eigneten sich im Falle bevorstehender Tag-Luftangriffe Flugplätze, Geschützstellungen der Luftabwehr, Verkehrsanlagen und wichtige Industrieobjekte zu vernebeln und diese so den Blicken des Gegners zu entziehen. Für das Nebelgerät Nb 80/2, das 1942 zur Einführung gelangte, reichte der Vorrat an Nebelsäure für eine Nebeldauer von maximal vier Stunden und 40 Minuten aus.

Die Täuschung des Gegners gewann schon während der ersten Kriegsjahre im Luftkrieg einen beachtlichen Stellenwert. Zu diesem Zweck wurden Scheinanlagen von Flugplätzen, Verkehrsanlagen und wichtigen Rüstungsbetrieben errichtet, weiterhin hat man wichtige Orientierungshilfen für die Bomberpiloten, wie zum Beispiel die Hamburger Binnenalster durch Holzattrappen so verändert, daß sie ihren Wert als solche verloren.

Eine weitere Maßnahmen zur Täuschung war die 1943 beginnende Verwendung von Scheinsignalraketen (SSR) in der Luftverteidigung. Hierbei handelte es sich um Leuchtmittel, die dazu geeignet waren, die von den gegnerischen Flugzeugen abgeworfenen Leuchtmitteln zur Weg- und Zielmarkierung (Leuchtkaskaden, "Christbäume") nachzuahmen. Die Bomberpiloten konnten so vom Angriffsziel abgelenkt - und zum wirkungslosen Bombenabwurf auf Scheinanlagen veranlaßt werden. Häufig erfolgte die Verwendung von Scheinsignalraketen (SSR) in Verbindung mit Großbrandanlagen, die aus der Luft als das Ergebnis einer vermeintlich wirksamen Bombardierung wahrgenommen wurden. Auch beim Heer gewannen Täuschungsmaßnahmen, darunter die Verwendung von Attrappen an Bedeutung. Die eigene Kampfkraft war im Schwinden begriffen und benötigte jede nur mögliche Entlastung. Scheinziele sollten das Feuer des Gegners binden und seine Führung irritieren. Mit Interesse registrierte die Abteilung Fremde Heere Ost (IIIe) im Oberkommando des Heeres, die seit Dezember 1943 wahrgenommene verstärkte Nutzung von Panzerattrappen zur Täuschung der deutschen Luftaufklärung durch die Rote Armee. Gefangenenaussagen und die Auswertung von Beutepapieren brachten wertvolle Anregungen für einige Täuschungsmaßnahmen. Auch hier muß die weitere Darstellung auf die

Insbesondere bei der Luftwaffe kam einer geschickten Verwendung von Attrappen im Kriegsverlauf eine wachsende Bedeutung zu. Im Bild Me-109-Attrappen. Zeitpunkt und Ort der Aufnahme sind nicht bekannt.

1942/43 entstand auf dem Gelände zwischen Parsdorf und dem Staatsgut Grub eine Scheinanlage des Flugplatzes München-Riem. Die Gebäude und Anlagen wurden aus Holz nachgebildet; es entstanden täuschend echte Attrappen von Kampfflugzeugen des Typs Heinkel He-111. Außerdem wurde eine Notbeleuchtung installiert.

Scheinanlage von Maschinengewehr-Schartenständen eines Festungswerkes der ehemaligen Festungsfront Oder-Warthe-Bogen bei Katawa (Kalau). Aufnahme vom April 1998.

Eine Kampfwagen-Attrappe aus der Zeit des Ersten Weltkrieges. Sie wurde aus Holz und Leinwand hergestellt und war mit Muskelkraft fortzubewegen.

Eine fahrbare Attrappe des russischen Panzer T-34. Sie fanden vor allem zur Darstellung von Kampfwagen in der Panzernahkampfausbildung Verwendung. Ihre Herstellung erfolgte auf Grund einheitlicher Baupläne und unter Nutzung der in den Truppenstandorten vorhandenen Material- und Fertigungsmöglichkeiten.

Während des Zweiten Weltkrieges wurden für Zwecke der Ausbildung und Übung Kampfwagen-Attrappen auf dem VW-Kübelwagen hergestellt. Der Aufbau war aus Blech gefertigt, der schwenkbare Turm nahm ein Knalldarstellungsgerät auf.

T-34-Attrappe auf einem Lehrgang für Panzernahbekämpfer.

Kampfwagen-Attrappen an der Front wurden aus Holz, Leinwand, Strohballen oder unter Verwendung von Schadpanzern hergestellt. Möglich war es auch sie aus Lehm, Schnee oder Eis zu formen.

Schulmäßige Ausbildung in der Panzernahbekämpfung an einer Kampfwagen-Attrappe aus Sperrholz. Nach dem Werfen eines Blendkörpers kann die Übungs-T-Mine aufgelegt werden.

Rollfähige Attrappe die einen russischen schweren Panzer vom Typ KW darstellt und in einem Ersatz- und Ausbildungsbataillon des Heeres für die Gegnerdarstellung verwendet worden ist.

Eine 38-cm-Schiffskanone C/34 im schwenkbaren Panzerturm unmittelbar nach Einbau in die Stellung. Die Marine-Artillerieabteilung 242 auf Cap Gris Nez erhielt vier dieser Geschütze. 1941 waren sie fertig montiert; die Fertigstellung der dazugehörigen Bunker kam erst Ende 1942 zum Abschluß. In allen Ausbauphasen ist großer Wert auf die Tarnung gelegt worden, wie der großfleckige zweifarbige Anstrich und das die Konturen des fertigen Bunkers verzerrende Tarnnetz zeigen.

Ein Betriebsstoffwagen der Deutschen Reichsbahn, der durch Verkleidung als geschlossener Güterwagen getarnt ist.

Eisenbahnverladung einer Kompanie mit Panzerkampfwagen IV (7,5-cm L/48) (Sd.Kfz.161) Ausführung H. Empfohlen wurde das Ein- und Ausladen bei Dunkelheit vorzunehmen. Eine Forderung die aus taktischen Gründen nicht immer durchführbar war. Die Panzerkampfwagen sind mit einem Buntfarbanstrich versehen, außerdem mit frischem Laubwerk getarnt.

Panzerkampfwagen II (2cm) (Sd.Kfz.121), die durch Strohballen als Strohtransport getarnt wurden.

Erwähnung eines Beispiels beschränkt bleiben. Einem Fernschreiben an die Heeresgruppe Mitte, Panzerarmee-Oberkommando 4 vom 19. April 1945 kann man entnehmen, daß die Verwendung der Panzerversuchskompanie 2 aus Leipzig-Borna mit 25 Panzerattrappen im Raum Falkenberg bevorstand.

Das Heer, die Luftwaffe und auch die Kriegsmarine gingen im Kriegsverlauf beim Anstrich ihres Geräts wieder zu einem Mehrfarb- oder Buntfarbanstrich über. Auf der Grundlage der durch Verfügungen geregelten Farbtöne waren zahlreiche Variationen von Tarnmustern möglich. Die früher vorgenommene Abgrenzung zwischen kleinfleckigen, großfleckigem und dem sogenannten szenischen Tarnanstrich wurden verwischt. Folgende Gründe für die Art und Weise der Aufbringung von Tarnanstrichen können genannt werden:

1. Die geographische Lage, der Kriegsschauplatz, auf dem die Einheit oder der Verband eingesetzt wurden,
2. die Jahreszeit, bzw. die Witterung,
3. die für das Land, den Landstrich typische Vegetation,
4. die Bereitstellung von Material, konkret von Farbe, Tarnpaste, Kalk und anderen Stoffen,
5. die individuellen Fähigkeiten der verantwortlichen Offiziere und Soldaten, die mit dem Aufbringen des Tarnanstriches beauftragt waren. Wichtige Veränderungen in der farblichen Zusammensetzung der Tarnanstriche beim Heer markieren die nachfolgend aufgeführten Heeresmitteilungen:

1. Heeresmitteilung Nr. 281 vom 17. März 1941

Für Gerät, welches für den Einsatz in Nordafrika vorgesehen ist kommt an Stelle des dunkelgrauen Anstrichs ein Anstrich zur Einführung der zu zwei Dritteln aus gelbbraun (RAL 8000) und zu einem Drittel aus graugrün (RAL 7008) besteht. Die Farben wurden nicht scharf abgesetzt.

2. Heeresmitteilung Nr. 1128 vom 18. November 1941

Für Norwegen, Finnland und Rußland wird in Schneelagen ein weißer Anstrich mit abwaschbarer Farbe, später Tarnpaste weiß (RAL 9002) angeordnet.

3. Heeresmitteilung Nr. 315 vom 25. März 1942

Auf der Panzerung dieses Panzerkampfwagen III (5cm) (Sd.Kfz.141) sind die Reste eines aus Kalkbrühe bestehenden Tarnanstrichs gut zu erkennen. Auftritte, vorstehende Flächen und Kanten sind durch die Witterung und das Hantieren am Kampfwagen abgewaschen bzw. abgeschabt und die graue Farbe kommt wieder zum Vorschein. Frühjahr 1942.

Diese schwere Feldhaubitze 18 (bespannt) gehört zur schweren Abteilung des Artillerieregiments 251 (251. Infanteriedivision). Im Winter 1941 stand sie im Raum Wjasma-Moshaisk, wo auch diese Aufnahme des mit einem weißen Tarnanstrich versehenen Geschützes entstanden ist.

Dieses sandgelb gestrichene Sturmgeschütz III der E-Ausführung wurde im Sommer 1943 bei der Sturmgeschütz-Ersatz- und Ausbildungsabteilung 400 in Demba fotografiert. Der gelbe Anstrich war das Ergebnis einer Werksüberholung. Die aufgelegten Zweige waren eine Erinnerung an die Teilnehmer des Kriegsoffizier-Lehrgangs, die Belange einer kriegsmäßigen Tarnung generell zu beachten.

Ein mittlerer Schützenpanzerwagen HL kl 6p (Sd.Kfz.251/10) mit weißem Tarnanstrich. Lediglich die aufgebaute 3,7-cm-Panzerjägerkanone L/45 ist als Schutz vor der Kälte mit einem auffälligen Überzug versehen. Aufnahme vom Februar 1943.

Bei der Heeresartillerie kam der 21-cm-Mörser 18 zum Einsatz. Dieses feuerbereite Geschütz zeigt ebenfalls einen weißen Tarnanstrich. Um Widerspiegelungen zu vermeiden ist die Aufrauung der zu tarnenden Flächen empfohlen worden. Durch die Beigabe von Sand in die Farbe konnte ein ganz ähnlicher Effekt erzielt werden.

Bei einer Nachschubeinheit des Heeres. Beachte den Tarnanstrich des rechts im Bild gezeigten Lastkraftwagen, der für das zu erwartende Tauwetter gute Voraussetzungen bot, um die Konturen des Fahrzeuges zu verzerren.

Mit einem Buntfarbanstrich getarnte Fahrzeuge eines SS-Panzergrenadierbataillons (mot) im Frühjahr 1944 in Frankreich.

Inspektion bei der Kraftwagen-Transportabteilung z.b.V.349 im August 1944 bei Vetra Leche in Rumänien. Die als Führungsfahrzeuge eingesetzten Opel Kadett Limousinen erhielten Tarnaufsätze für die Scheinwerfer und einen buntfarbigen Anstrich. Beachte die Unterschiede beim Anstrich der einzelnen Fahrzeuge.

Eine 15,5-cm-Kanone 420(f)-frz. L 16 St.Ch.-mit einem interessanten Tarnanstrich bei der Heereskü stenartillerie in Norwegen.

Die Einführung eines neuen Tarnanstrichs für den Einsatz in Nordafrika wird angeordnet: Zwei Drittel braun (RAL 8020) und ein Drittel grau (RAL 7027).

4. Heeresmitteilung Nr. 600 vom 3. Juli 1942

Der mit der Heeresmitteilung Nr. 315 vom 25. März 1942 befohlene Anstrich wird auch für die auf Kreta stationierten deutschen Truppen ausgedehnt.

5. Heeresmitteilung Nr. 181 vom 18. Februar 1943

Einführung des Einheitsanstrichs dunkelgelb (RAL 7028), Tarnmuster können mit Hilfe von Tarnpaste rotbraun (RAL 8017), olivgrün (RAL 6003) und dunkelgelb (RAL 7028) aufgebracht werden.

6. Heeresverordnungsblatt Nr. 52/1945, Verfügung vom 24. Januar 1945

Einführung des Einheitsanstrichs für Gerät aus der Neufertigung grün (RAL 6003, RAL 7028 und RAL 7028).

Die Vielzahl der Provisorien und Sonderregelungen zu nennen würde den Rahmen dieser Arbeit sprengen. In den letzten Kriegswochen sind Fahrzeuge und Geschütze aus der Neufertigung häufig nur mit dem dunkelgelben Anstrich (RAL 7028) zur Auslieferung gekommen. Eine besondere Anordnung verbot das

Charakteristisch für den Wintertarnanstrich dieser 10,5-cm-leichten Feldhaubitze 18 sind die unregelmäßige geformten, weißen Farbflecke unterschiedlicher Größe. Die Holzspeichen der Räder zeigen einen gänzlich weißen Anstrich. Die Geschützbedienung trägt Winteranzüge (feldgraues Doppeltuch und weißes Tarngewebe).

Dieses Jagdflugzeug Messerschmitt Me-109 mit Buntfarbanstrich wurde auf einem Feldflugplatz in Frankreich abgestellt. Der Tarnschirm bot Schutz vor der Beobachtung aus der Luft. Aufnahme vom Sommer 1943.

Zerstörerflugzeug Messerschmitt Me-11 C-1 mit hellblauen Anstrich der Unter- sowie graugrünem Anstrich der Oberseite. Das Bild entstand im Frühjahr 1942 an der Ostfront.

Notgelandetes Verbindungsflugzeug Siebel Si-24 A vom Zerstörergeschwader 1. Bemerkenswert: die Oberseiten der Tragflächen und des Rumpfes zeigen ein einfarbigen Anstrich; die Seiten sind mit einem Buntfarbanstrich versehen.

Ein Sturmgeschütz III (7,5-cm L/48) (Sd.Kfz.141/1), Ausführung G der Sturmgeschützbrigade 276 im Sommer 1943. Bemerkenswert ist hier der zweifarbige künstlerische (szenische) Tarnanstrich.

Dieses Sturmgeschütz "Tiger" (P), später Jagdpanzer "Ferdinand" (Sd.Kfz.184) wurde im Juli 1943 im nördlichen Teil des Kursker Bogen fotografiert. Das zum Abteilungsstab gehörende Fahrzeug besitzt einen zweifarbigen Tarnanstrich (gelb und grün).

Eine 8,8-cm-Panzerjägerkanone 43/1 L/71 auf Geschützwagen III/IV (Sd.Kfz.164) einer Heerespanzerjägerabteilung mit weißem Tarnanstrich. Die Besatzung trägt weiße Anorakanzüge mit grauer und weißer Seite. Aufnahme aus dem Winter 1943/44.

Diese Aufnahme entstand im Frühjahr 1944 im Südabschnitt der Ostfront. Sie zeigt ebenfalls schwer Panzerjäger (Sd.Kfz.164). Dem bereits einsetzendem Tauwetter wurde mit einem großfleckigem weißgrauen Tarnanstrich entsprochen.

Fortbringen solcherart gestrichener Fahrzeuge im Bahntransport, aus wohl auf die gute Erkennbarkeit vor dem Untergrund des dunklen Bahnkörpers zurückzuführen war. Vorliegende Berichte besagen, daß zuletzt fertig gewordene Fahrzeug gänzlich ohne Anstrich ausgeliefert worden sind.

Auf die bei der Luftwaffe üblichen Tarnanstriche einzugehen erübrigt sich wegen der Vielfalt, die vom Einsatzzweck (Tag- oder Nachtjagd, Schlachtflieger usw.) vom Einsatzgebiet und von einer Reihe weiterer Faktoren beeinflußt wurden.

Abschließend einige Bemerkungen zum Einsatz von Scharfschützen in der Deutschen Wehrmacht und Waffen-SS. Ihre Verwendung zeigt, obwohl letztlich von nachgeordneter Bedeutung, welche Fortschritte auf dem Gebiet der Tarnung und Täuschung erreicht werden konnten. Trotz guter Erfahrungen im Ersten Weltkrieg, ist der Wert von Scharfschützen mit Zielfernrohr-Gewehren auf deutscher Seite zunächst unterschätzt worden. An der Ostfront machten russische Scharfschützen mit ihren Schießleistungen und den daraus resultierenden Verlusten auf Versäumtes aufmerksam. Darüber berichtete der Gefreite Karl-Heinz Rentsch in der Armeezeitung "Kamerad am Feind" Nr. 68 vom 16. August 1944: "Wir haben in den letzten Jahren vorn im Graben zu oft den sowjetischen Scharfschützen zu spüren bekommen. Leider ohne ihm etwas anhaben zu können. Denn der Sowjet-Scharfschütze ist von einem einfachen Gewehrschützen nicht auszumachen. Seine Tarnung und sein Benehmen im Gelände können nur von einem geschulten Schützen durch das Doppelglas und das Zielfernrohr erkannt werden". Weiter führte Rentsch aus: "Wie verhalte ich mich in der Stellung, um den Feind unsichtbar zu bleiben? Aus meinen Erfahrungen kann ich sagen: 80 v.H. meiner Abschüsse konnte ich durch Unachtsamkeit des Feindes erzielen, und ich glaube sicher, daß dieser Fehler auch auf unserer Seite ebenso begangen werden. Die Hälfte aller Ausfälle im Stellungskrieg ist auf unvorsichtiges und unüberlegtes Verhalten auf Posten und im Graben zurückzuführen. Das Wichtigste ist das Tarnen..." Auch was die Tarnung angeht wurden die Scharfschützen zu Spezialisten ausgebildet. Eine Reihe interessanter Anregungen konnten dem Merkblatt 41 c/57 "Tarnen und Täuschen hinweise für die Ausbildung der Scharfschützen " vom 1. Mai 1944 entnommen werden. Wörtlich heißt es: "Der Einsatz der Scharfschützen erfordert neben schießtechnischem Können meisterhafte Tarnung und listenreiches Verhalten".

Tarnung, Täuschung und Attrappen besaßen für die deutschen Streitkräfte zum Ende des Zweiten Weltkrieges eine große Bedeutung. In einem verlustreichen Lernprozeß, der gewisse Parallelen zum Ersten Weltkrieg zeigt, mußte zunächst Versäumtes aufgeholt werden. Im weiteren Kriegsverlauf erzwang die Überlegenheit der Gegner Deutschlands zu Land, in der Luft und zu Wasser die Prinzipien der Tarnung und Täuschung weiterzuentwickeln. Die neuen Herausforderungen der Tarnung gegen Radar und Infrarot kamen nicht mehr im gewünschten Umfang zum Tragen. Das blieb der Entwicklung nach dem Krieg vorbehalten.

Scharfschütze mit Zielfernrohrkarabiner 98 k und Zielfernrohr 39. Im Merkblatt 25/4 "Anleitung für die Ausbildung und den Einsatz von Scharfschützen" vom Juli 1944 heißt es "Der Wert eines guten Scharfschützen wird erhöht, wenn er sich ... gewand einzugraben und geschickt zu tarnen weiß".

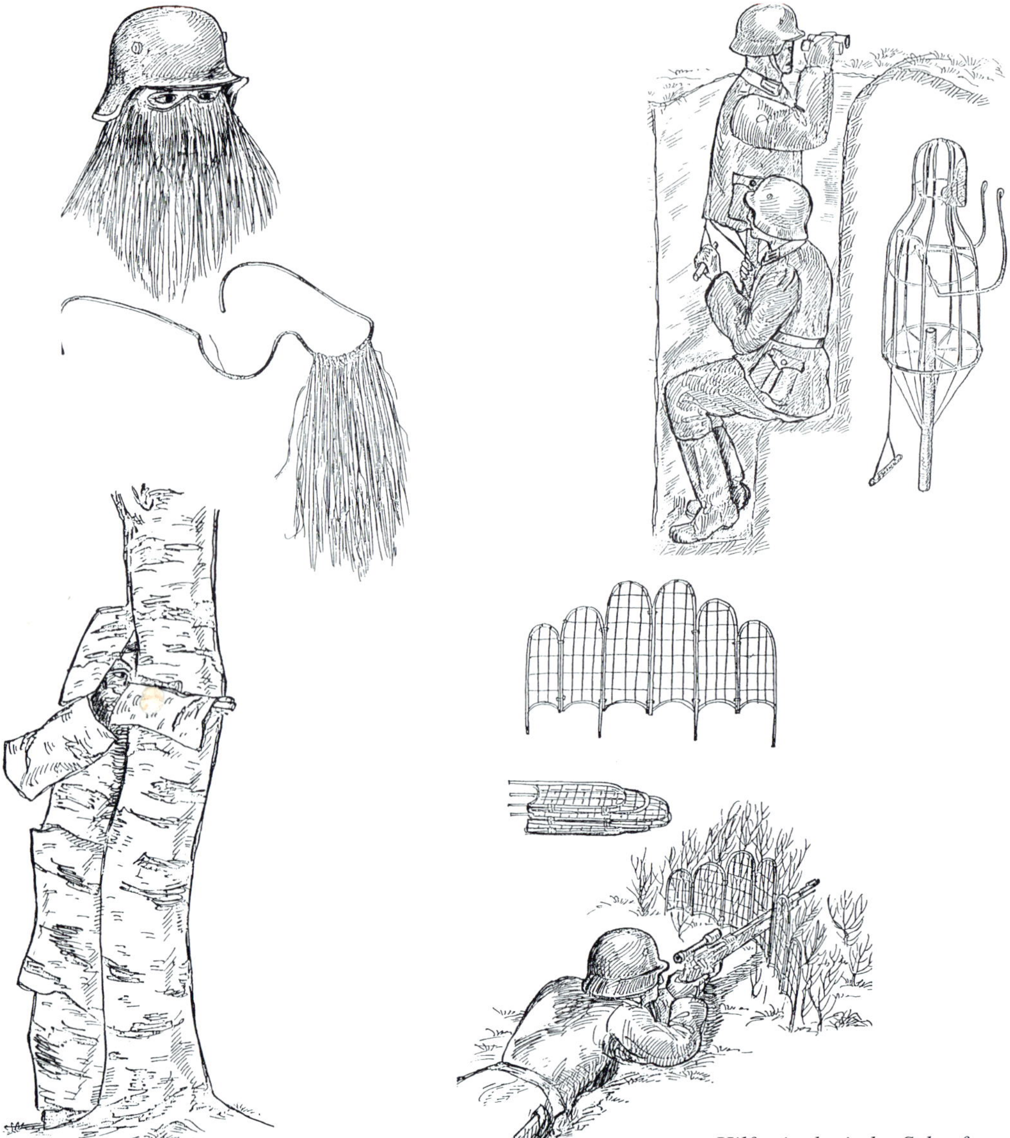

Hilfsmittel mit der Scharfschützen, für die eigene Tarnung und zur Täuschung des Gegners (von oben links nach unten rechts: Tarnbrille, bewegliche Puppe mit Fernglas, der "Birkenmann", Tarnfächer aus Draht).

Angehörige einer Panzerzerstörerkompanie lauern im Straßengraben auf angreifende Panzer. Die Aufnahme entstand im Juli 1944 in der Normandie.

Angehörige der Waffen-SS mit einem schweren Maschinengewehr 37 (t) in Feuerstellung. Aufnahme aus dem Frankreichfeldzug 1940. Innerhalb dieser Truppe wurde der Typ des elitären Gruppenkämpfers propagiert. Tarnjacke, Tarnanzug und Helmüberzug waren äußere Attribute dieses Anspruches.

Unterscharführer der Waffen-SS mit Tarnjacke, Tarnmaske und Stahlhelmüberzug.

Grenadiere mit an der Vorderseite ihrer Stahlhelme befestigten Tarnblenden aus Zweigen und verdorrtem Gras. Aufnahme vom Herbst 1944.

Fallschirmjäger der Luftwaffe mit mittleren 8-cm-Granatwerfer 34 in einer vorzüglich getarnten Feuerstellung. Aufnahme vom italienischen Kriegsschauplatz.

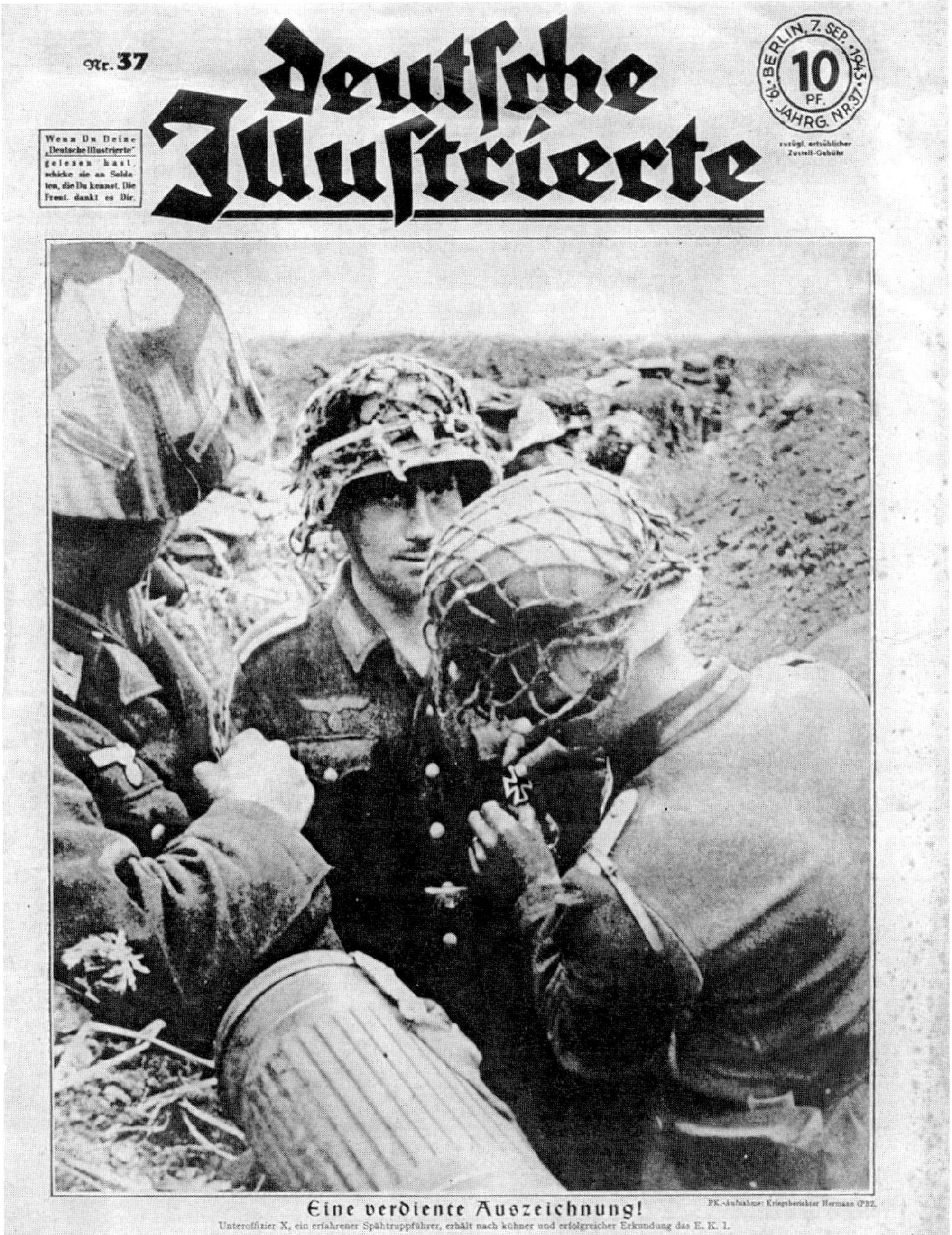
Nr. 37

Deutsche Illustrierte

Wenn Du Deine „Deutsche Illustrierte“ gelesen hast, schicke sie an Soldaten, die Du kennst. Die Front dankt es Dir.

BERLIN, 7. SEP. 1943 · 19. JAHRG. NR. 37
10 PF.
zuzügl. ortsüblicher Zustell-Gebühr

Eine verdiente Auszeichnung!

PK.-Aufnahme: Kriegsberichter Hermann (PBZ)

Unterofflzier X, ein erfahrener Spähtruppführer, erhält nach kühner und erfolgreicher Erkundung das E. K. I.

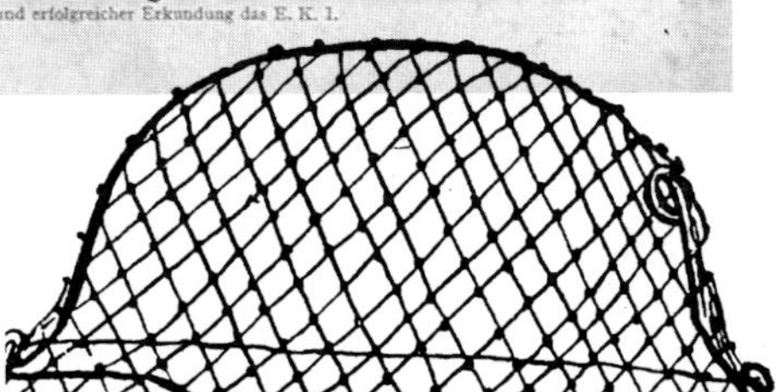

Bis zum Jahr 1942 gab es beim Heer für Stahlhelme weder Tarnüberzüge noch Tarnnetze. Die Truppe behalf sich mit verschiedenen Materialien. Erst mit einer Verfügung vom 1. August 1942 wurde das Stahlhelmtarnnetz aus bräunlicher oder grüner Schnur eingeführt. Die Titelseite der "Deutschen Illustrierten" vom 7. September 1943 zeigt Angehörige des Heeres mit Tarnüberzug und Tarnnetz.

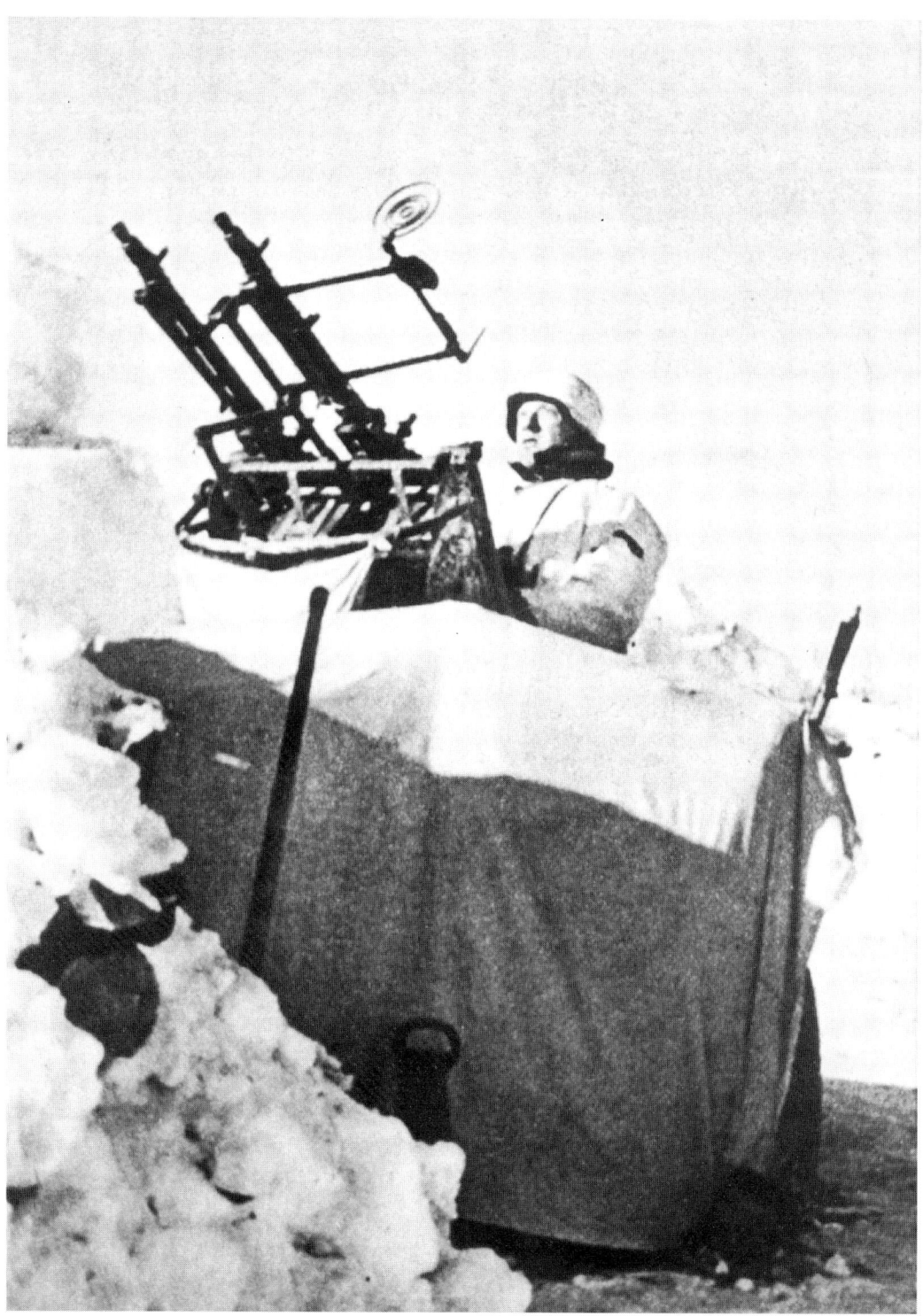

Der Maschinengewehr-Wagen 36 (lf.5) der 4. (Maschinengewehr-)Kompanie eines Infanteriebataillons in Feuerstellung. Der Maschinengewehrschütze trägt Tarnkleidung, die Feuerstellung ist mit Bettlaken getarnt. Eine Aufnahme, die im Januar oder Februar 1942 an der Ostfront entstanden ist.

Eine 10,5-cm leichte Feldhaubitze 18 in einer mit natürlichen Tarnmitteln gut getarnten Feuerstellung. Aufmerksamkeit erregen lediglich die Kanoniere mit ihren freien Oberkörpern.

Feuerstellung einer 15-cm schweren Feldhaubitze 18, die mit einem Tarnnetz und darauf gestreutes Stroh dem Blick der gegnerischen Aufklärung entzogen wurde. Aufnahme vom Sommer 1941 (Artillerieregiment 251).

Aufmerksam beobachtet eine Panzerbesatzung den Luftraum. Die Farbtarnung des Panzerkampfwagen IV wurde mit Zweigen und Ästen dem Umfeld angepaßt, der Panzer selbst wurde im Schatten einer Waldkante abgestellt - angesichts der alliierten Luftüberlegenheit eine unumgängliche Notwendigkeit.

Ein fahrradbewegliches Panzerjagdkommando der Hitlerjugend in den Straßen von Frankfurt/Oder. Die Straßen wurden mit Tarnnetzen abgedeckt. Aufnahme vom April 1945.

Eine 8,8-cm-Flugzeugabwehrkanone in Lauerstellung zur Panzerabwehr. Übergeworfene Tarnnetze verdorrte Äste bilden in der kargen Winterlandschaft eine aus-reichende Tarnung. Beachte den Tarnanstrich auf dem Stahlhelm des Beobachters.

Eine 15-cm schwere Feldhaubitze (ö) in einer verdeckten Feuerstellung die mittels Drahtgitternetz vollständig abgedeckt werden konnte. Dieses Bild wurde im November 1939 am "Westwall" aufgenommen.

Beiwagenkräder einer Panzerjägerabteilung im Winter 1943/44 an der Ostfront. Beachte den bereits verwaschenen weißen Tarnanstrich der Fahrzeuge. Vor den Scheinwerfer wurde eine geschlitzte Tarnblende gesetzt.

Fallschirmjäger der Luftwaffe mit Schnee-Tarnbekleidung. Aufnahme vom Winter 1943/44 an der Ostfront.

Ein mittlerer Schützenpanzerwagen HL Kl 6 p (Sd.Kfz.251) mit aufgelegter natürlicher Tarnung. Das Bild entstand im Sommer 1944 in Polen.

Ein weiteres Beispiel für die geschickte Verwendung natürlicher Tarnmittel stellt diese leichte Feldhaubitze 18/2 auf dem Fahrgestell stellt Panzerkampfwagen II (Sf.) (Sd.Kfz.124), die in einem Getreidefeld Stellung bezogen hat. Die Panzerhaubitze gehörte zum Panzerartillerieregiment 74 (2. Panzerdivision). Aufnahme vom Juli 1943.

Das Bild dieses ebenfalls sehr gut getarnten Flakpanzer IV/2-cm-Vierling "Wirbelwind" entstand im Spätherbst 1944 an der Westfront. Als natürlicher Tarnschutz dienten hier verdorrte Gräser, die zu einem Heuhaufen geformt wurden.

Mit speziellen Holzgestellen, die auf Panzerkampfwagen befestigt wurden, konnten diese als Lastkraftwagen getarnt werden.

Marschstraßen, die vom Gegner eingesehen werden konnten, ließen sich durch Masken gegen Sicht tarnen. Sie sind aus Zweigen, Schilf, Gras und anderen Materialien hergestellt worden, die senkrecht an Eisendrähten angebunden wurden.

Beispiel für die Erweiterung des Tarnschutzes eines Hauses durch eine weiße Tarndecke. Panzerkampfwagen auf dem Marsch konnten ihre Spur durch eine hinterhergeschleifte Tanne verwischen.

Ein Sturmgeschütz III (7,5-cm L/48) (Sd.Kfz.142/1), Ausführung G mit und ohne Tarnmaske. Letztere wurde aus Schilf hergestellt und ließ sich bei Notwendigkeit schnell entfernen, um die Sturmkanone zur Geltung bringen zu können. Tarnung durfte die Waffenwirkung nicht behindern.

Dieses Sturmgeschütz III (7,5-cm L/48) (Sd.Kfz.142/1), Ausführung G gehörte im Januar 1944 zu dritten Zug der 3./Sturmgeschützabteilung 276. Beachte den mit Kalkbrühe aufgebrachten Tarnanstrich.

Ein Sturmgeschütz M 43 (75/34) (i)-ital. Semo venti M 41 e M 43 da 75/34 der Sturmgeschützbrigade 11 des I. Fallschirmjägerkorps im Sommer 1944 in italien. Hier wurde der für diesen Kriegsschauplatz vorteilhafte Buntfarbanstrich für italienische Panzerfahrzeuge beibehalten.

Dieser erbeutete russische Lastkraftwagen 1,5 t GAS-AA (4x2) wurde auf deutscher Seite mit einem bemerkenswerten Zweifarbanstrich versehen. Das Fahrzeug war im Einsatz robust und anspruchslos. Aufnahme vom Frühjahr 1944.

Dieser im Eis eingebrochene Raupenschlepper Ost (R.S.O.) einer Infanterie-Panzerjägerkompanie ist noch mit dem Wintertarnanstrich versehen. Ostfront, März 1944.

Ein schwerer Lastkraftwagen 4,5 t Citroen Typ 45 (4x2) mit Kofferaufbau und Buntfarbanstrich. Frankreich, Sommer 1944.

Mittlerer Schützenpanzerwagen S 307 (f)-frz. Somua MCG - mit 8-cm-Reihenwerfer in Frankreich 1944. Beachte den mit einer Spritzpistole aufgebrachte Buntfarbanstrich.

Panzerkampfwagen V (Sd.Kfz.171) "Panther" G der Abschlußausführung während der Endkämpfe auf deutschen Boden im Frühjahr 1945. Ganz typisch für diese Zeit ist der auf dem Fahrzeug aufgebracht Buntfarbanstrich. Wegen Rohstoffknappheit wurden Fahrzeuge und anderes Kriegsmaterial auch gänzlich ohne Farbanstrich ausgeliefert.

Diese Aufnahme vom März 1944 entstand während der Kämpfe in Pommern und zeigt einen mittleren Schützenpanzerwagen (7,5-cm-Pak 4) (Sd.Kfz.251/22). Das Fahrzeug hat einen dunkelgrünen Anstrich (RAL 6003), der im Januar 1945 zur Einführung gelangt ist. Darauf sind braune (vermutlich RAL 8017) und gelbe (vermutlich RAL 7028) Flecke aufgebracht.

Wolfgang Fleischer und PODZUN-PALLAS ein gutes Gespann!

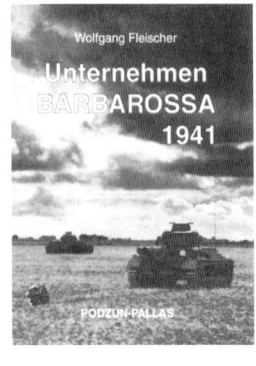

Haben Sie schon alle Fleischers?